Janet Fendt · Katalin Kemény

Dear Doubleyou

Janet Fendt · Katalin Kemény

Dear Doubleyou

Eine
Liebesgeschichte in Briefen
von Doosie

Auch eine Möglichkeit,
sein Englisch spielend aufzufrischen

nymphenburger

Besuchen Sie uns im Internet unter http://www.herbig.net

Schutzumschlaggestaltung: Felix Weinold, Schwabmünchen
Satz: Typographischer Betrieb W. Biering, H. Numberger
Gesetzt aus: 11,5/14 Stempel Garamond Roman
Druck und Binden: Wiener Verlag, Himberg
Printed in Austria
ISBN 3-485-00887-7

Inhalt

Vorwort

Vor mehr als zwanzig Jahren schrieb Werner Lansburgh seine genialen Doosie-Bücher. Wenn Sie seine Bücher noch nicht kennen, dear reader, ist es jetzt an der Zeit! Grundlage für unser Buch ist es, in die Rolle der Fantasiefrau, seiner heiß geliebten Doosie, hineinzuschlüpfen und zum Teil seine Briefe zu beantworten, gleichzeitig aber auch Anekdoten, Witze und Beispiele über Leute von heute aus der Sicht einer Frau zu erzählen, und zwar in einem modernen, also ganz aktuellen Englisch, mit Amerikanismen, mit Computer-Speak einschließlich Denglish.

Jede Sprache ist dynamisch und anpassungsfähig, sie bleibt nicht stehen. Irgendwann also müssen wir »updaten«. Das Lernen soll aber unterhaltsam sein und dieses Buch soll man irgendwo und jederzeit in die Hand nehmen können, um zwischendurch die Sprachkenntnisse aufzufrischen. Eine Herausforderung für alle, die das Angenehme mit dem Nützlichen verbinden wollen. Wir reden jetzt mit Ihnen, nicht mit einer Elite von Oxford- oder Harvard-Professoren, sondern mit Schülern und Studenten, mit Berufstätigen, die im Zug, im Flugzeug oder im Wartezimmer sitzen, Hausfrauen, die in der Küche sich eine kleine Pause gönnen, mit Holidaymakers am Strand, mit normal Sterblichen halt, die Ablenkung brauchen und ihre schwer erworbenen Englischkenntnisse nicht einrosten lassen wollen.

Dieses Buch ist kein Wörterbuch, kein Lexikon und auch kein literarisches Kunstwerk, da die deutsche Sprache sowie die Texte untergeordnet sind und nur dem einen Zweck dienen, englische Idioms im Zusammenhang darzustellen. Es soll Sie ermutigen, ein bisschen Spaß am Lernen zu haben, nicht alles todernst zu nehmen, und Sie sollten vor allem dabei lernen, sich selbst zu helfen.

So now over to you: Take it easy! Have fun! Let's go!

Ihr Autorenteam

In memoriam

Werner Lansburgh,
Wolke 7, im blauen Himmel

Dear Doubleyou,

It has been more than ten years now, dass Sie diese Welt verlassen haben, but it seems like only yesterday. What a pity, what a loss. Schade, schade, was für ein Verlust. Vor allem für mich, Ihre Doosie, die Sie in Ihren Gedanken und gleichzeitig in Ihrem Herzen erschaffen und durch Ihre Bücher berühmt gemacht haben. Nicht zuletzt auch deswegen, weil Sie mir eine wunderschöne, (fast) perfekte englische Sprache beigebracht haben, ohne Mühe und ohne dass ich das Gefühl hatte, mich in irgendeinem langweiligen Buch wiederzufinden. Mich schmeißt ja keiner so schnell in die Ecke, man liebt mich noch immer. Nun möchte ich alle Ihre Erwartungen übertreffen, at least I hope to exceed all your expectations: *Ich, Doosie, erwache zum Leben.* Von Meisterhand erweckt. Wie in dem Ballett »Coppelia«, als die Puppe Coppelia zum Leben erweckt wird, just as she was brought to life. Ja, genau so.

Ich bin wieder da – hello again! – und erlaube mir, Ihre Arbeit fortzusetzen. Schließlich dürfen Ihre Liebesbriefe nicht länger unbeantwortet bleiben. Ich, Doosie, cannot allow your love letters to remain unanswered any longer. Ich war Ihre beste, Ihre gelehrigste Schülerin, würdig Ihrer Liebe, worthy of your love. My dear W., I miss you. Schauen Sie von Ihrer

Wolke herab, schieben Sie Ihre Brille hoch und bitte lächeln. Sie werden zufrieden sein, ich kann es, ich kann dieses wunderschöne Englisch.

We are none of us immortal, or maybe you are. Durch Ihre Bücher sind Sie doch unsterblich. In tribute to you I would like to quote Shakespeare, from *Twelfth Night:* »Some men are born great, some men achieve greatness, and some have greatness thrust upon them.« (Sinngemäß geht es hier um angeborene Größe, durch eigene Leistung erreichten Ruhm oder um »unverdiente« Berühmtheit.) Oder, wie wir es heute sehen würden, in the world we live in today: Some men and women are born great, some achieve greatness and some have great PR managers! That's the updated version.

Zu Ihnen, my love, ich eile, ich fliege, ich schwebe und nichts soll uns je mehr trennen. We are together again at last.

With lots of love and affection

Ihre Doosie

1

The whys and wherefores

»All our dreams can come true –
if we have the courage to pursue them.«
Walt Disney

You asked if one can write a love story at the age of seventy-six. I think so. If only one wants to. Eine Liebesgeschichte kann man nicht nur schreiben, sondern auch noch erleben – in jedem Alter. Wir als Paar sind nicht mehr aktuell, not exactly up-to-date, are we now? Ich meine, ein älterer Mann mit einer jüngeren Frau. Was ist daran so ideal? Wir haben ein neues Zeitalter, also drehen wir alles um und stellen uns vor: ältere Frau mit jüngerem Mann. Eine Frau mit Vergangenheit und ein Mann mit Zukunft. A woman with a past and a man with a future. Sounds like an ideal combination to me. How about you, what do you think?

Damals wollten Sie schreiben und ich wollte lesen und lernen. Ich will nun auch schreiben und Sie wollen lesen, nicht wahr? Sie lieben mich und ich liebe Sie, it's obvious, isn't it? Offensichtlich. We are partners from now on, wir beide passen gut zusammen, zwei Schreibmaschinen-Touristen (Halt! Schon veraltet! Wer schreibt heutzutage mit der Schreibmaschine? Ich schon lange nicht mehr, I took my typewriter to the flea market a long time ago, also nochmals von vorne!) Wir Pentium-IV- oder Microsoft-Word-Touristen kennen keine Einschränkungen, no limitations, keine

Grenzen der Fantasie, no limits to our fantasy, und wir können unsere Wünsche voll ausleben. Danke für diese Möglichkeit (*your »possibility« ist OK, aber wie wäre es mit »thank you for this* ***opportunity****«, das Sie normalerweise für Gelegenheit verwenden, bleiben Sie flexibel und probieren Sie es aus, try it for yourself*). Ich umarme Sie. Auf Papier.

We, you and I, we have no age, »you're as old as you feel«, no weaknesses, no problems, just unermesslich, immeasurable [*imm-es-jö-rbl*] viel Geld und viel Zeit; keine politischen, religiösen oder ideologischen Sperren (barriers). We have no thwarted [***thwohr**-tid*] ambitions (das sind Ambitionen, die nie zustande kommen dürften, thwarted ambitions, thwarted plans etc.). We have no dreams which have turned sour, like last week's milk. You and I can do what we want and go where we like, when we wish. Wir können einen Tag in New York verbringen, den nächsten Tag in Rom. Unsere Koffer packen wir in der Fantasie. Wir können lieben und hassen, alles vom Feinsten genießen und über unsere Enttäuschungen meckern, uns freuen, traurig sein, nachdenken, lachen (Hauptsache lachen).

Wir erleben tolle Tage, wir tanzen Walzer in Wien/Vienna, wir relaxen [*rii-**læxn***] in Monte Carlo (auch wenn heute Monte Carlo nicht mehr das ist, was es einmal war, don't you agree? It used to be much nicer before it turned itself into a haven for **tax dodgers,** ein Hafen für viele Steuerhinterzieher). Dolce far niente, how sweet to do nothing, dinieren in Paris und »shop till you drop« in London. We can afford it. Wenn wir etwas vergessen haben, no problem, diese Sachen kaufen wir einfach neu, vor Ort, alles was das Herz begehrt. It doesn't matter if we have forgotten something, we can just buy it, wherever we happen to be. Who needs Valium when we have credit cards? Auch das Wetter macht mit. As you said yourself, there is no weather like imagination. Auf Regen können wir verzichten, we can do without rain, über uns scheint immer die Sonne. Sie scheint auch in unseren Herzen.

Und seien Sie mir nicht böse, Geliebter, wenn die Geschichten nicht immer von Ihnen handeln. Sie müssen wohl oder übel zugeben, dass Sie ein schrecklicher Egoist sind. You seem to be **on an ego-trip** most of the time. Go on, admit it now, please, geben Sie es zu, there is only you and me here. Sie beschreiben love affairs ohne Ende, ganz ohne Rücksicht auf meine Gefühle. You **take no account of** my feelings whatsoever. In short, my dear, you are a womanizer, a man who plays around is a womanizer, but why is there **no such word** as »manizer«? Gibt's nicht. Ein Mann darf ein ausschweifendes Leben führen: playboy, ladies' man, bon viveur, pleasure seeker, erotomaniac. Wenn eine Frau ihre Partner häufig wechselt, ist sie eine Nymphomanin, a nymphomaniac (Umgangssprache: nympho [***nimm**-fō*]), she is promiscuous. Promiscuity for women only? I ask you, Doubleyou dear, is this fair? Sie haben vergessen, dass ein Kavalier genießt und schweigt. Bei Ihnen heißt es wohl, genießen nicht und schweigen erst recht nicht, nicht mal in Ihrer Fantasie. Was ist los? Never give up your dreams. Ich verzeihe Ihnen von ganzem Herzen, weil Sie mir doch so viel beigebracht (taught [*tort*]), meine Sprache geformt und geprägt haben, so that I speak beautiful English and I thank you **from the bottom of my heart**. You would be very **proud of** me. I can even pronounce »white wine« correctly – definitely no longer saying »weitwein« mit den Oberkieferzähnen auf der Unterlippe, da ich nach Ihrem Rat jetzt beide Lippen dafür benutze! Und für sonst noch was ...

But there are, dear Doubleyou, there are things which must be said. Tatsache ist, the fact is **life is not all roses. Life is not a bowl of cherries.** Langes englisches »oh« bitte in bowl [*bōl*], Schüssel oder Schale. (*Nicht zu verwechseln mit bowel [baul], Darm, bowels als Mehrzahl heißt Eingeweide.*)

Ich habe in Ihren drei Büchern alle uncharmanten Andeutungen über Frauen erdulden müssen. I tolerated it, but now, jetzt revanchiere ich mich, I can **take my revenge**, I can **pay you back**! Nicht wie die Borgias, das meine ich nicht, also bitte keine Angst, ich tue Ihnen kein Gift in den Rotwein. This nice family even had a special name for this cocktail: »la cantarella«. To red wine just mix a little arsenic, Arsen, und Aas. (*Do we really need to know the word »Aas« in English? As far as I know, it is not available at the local supermarket, so it is of no further interest to us at the moment. Please don't make the mistake of trying to learn every word!*) No, my instrument of revenge is only the written word, on paper.

Was haben Sie damals geschrieben, lieber W.? Frauen haben Seele, die aber nur dann ins Spiel kommt, wenn es den Männern passt, when it suits them. Sogar ältere Männer sehen hier noch ihre Chance! (Last stop before the cemetery, Friedhof.) Sonst hätten Sie, dear Doubleyou, mit Ihren fast achtzig Jahren, at almost eighty, keine Frauen mehr erobern können! Wir alle haben Seele. Keine Seele – keine Liebe – nur Sex? Für echte Gefühle sollten doch Seele und Körper im Einklang sein, in harmony. Sie selber behaupten von sich, keine Seele zu haben. Wie geht denn das? Darf ich Ihnen diese indiskrete Frage stellen: Where are your feelings? Sicherlich können manche Menschen Sex und Liebe voneinander trennen, aber ich frage Sie, was bringen diese seelenlosen Affären mit wechselnden Partnern. Mir fällt gerade eine englische Redewendung unter Playboys ein: **just another notch in the bedpost**, eine Kerbe im Bettpfosten, die Sie für jede neue Eroberung einritzen. Do you **get your kicks** just by changing your partner? Es gibt zwar einen Spruch: Variety [*vö-**rei**-ö-ti*] is the spice of life, varietas delectat. Das sollte aber nicht für eine Partnerschaft gelten. Die Fremde in meinem Bett. Ich meine in Ihrem Bett. Without love you have no soul, without soul no love?

Ich habe das Gefühl, mit Ihrem Erfolg bei, success with, Frauen ist es nicht weit her, o doch, I have the feeling that it has been quite some time, sonst würden Sie über uns nicht so schreiben. Männer, die richtig erfolgreich bei Frauen sind, und ich meine in jeder Hinsicht, in every respect, lieben die Frau als Frau und brauchen nicht so viel unterschwellige Gehässigkeit wie Sie, Sir! Die ganze Beziehungskiste betrachten wir, Sie und ich, auf unterschiedliche Weise, aber das macht doch gar nichts, oder? Lassen Sie uns lieber wieder nett zueinander sein und plaudern, sogar auch kuscheln, let's cuddle, lets **have a chat** about this and that, auch wenn wir das, was wir sagen, nicht immer meinen. And there is no need for you to feel attacked, angegriffen, and blamed, rebuked, reprimanded, gerügt, when all I wanted to do was to share my feelings with you. So don't **go off in a huff**! Spielen Sie nicht die beleidigte Leberwurst. Why, oh why is it not easier?

Dear Mr. Wonderful, wenn es unsere Beziehung wirklich geben würde, hätten wir uns schon längst in die Haare gekriegt. Wie kann man sich zum Beispiel so darüber freuen, dass die Emanzipation nie wirklich stattgefunden hat, dass sie nur die größte Lüge des 20. Jahrhunderts ist? Sie Macho, Sie Chauvi! You MCP! Please read: *emm-sii-pii* for Male Chauvinist Pig. Monsieur Nicolas Chauvin, französischer Patriot, would **turn in his grave**, würde sich im Grab umdrehen, wenn er hören könnte, was aus seinem Namen geworden ist. On this point I'm afraid, leider, Alice Schwarzer and I can't agree with you. We are no longer living in the past, we are living in a new millennium, in einem neuen Jahrtausend.

OK, now I **have had my say**, ich bin meinen Senf losgeworden, I have **let off steam**, habe Dampf abgelassen und kann mich jetzt, wie versprochen, in aller Ruhe auf meine Fantasie konzentrieren, in der ich mich Ihnen gegebenenfalls, if necessary, if applicable, unterordnen kann. Schließlich ist es kein Geheimnis, that after all, strong women also need eine starke Schulter zum Anlehnen. Im Englischen heißt es richtig **a shoulder to cry on**, aber weinen oder uns ausheulen wollen wir hier wirklich nicht. Schwache Männer unterdrücken oft die Frauen, d.h. »ihre« Frauen, das gibt ihnen nämlich das Gefühl von Stärke und Überlegenheit, superiority, und darum funktionieren ihre Beziehungen nicht. Oder doch? Das geht nicht mit Gewalt. Schwache Männer rennen, nachdem sie zweimal geniest haben, **after sneezing twice**, sofort zum Arzt, bekommen aber dort Schweißausbrüche, they **break out in a sweat**, wenn sie die Vitaminspritze sehen. Schwache Männer lassen sich tätowieren, um ihre Stärke zu zeigen. **However hard I try**, ich werde Männer nie verstehen. Aber das macht doch nichts! Es macht sogar Spaß!

You, my dear W., are eine gebildete Person und ich denke, your tattoos are on your soul, not on your skin, Sie wollen nur provozieren. Did I say you have a soul? Of course I did. If you thought I said before that you had none, then it was just because I wanted to **provoke an argument,** because I had a **bone to pick with you** (hat irgendwas mit Hühnchen rupfen zu tun). I have already said that I forgive you for being a **dirty old man**, a lecher [*letch-ö*], ein Lustmolch!

Sie haben die Frage gestellt, was wollt Ihr Frauen? Nun gut, ich sag's Ihnen. Nicht alles auf einmal, aber nach und nach, we two shall grow together, we have to grow, because if our relationship does not allow us to grow, then our passion will fade, unsere Leidenschaft wird verblassen. So schwierig ist es jedoch nicht. Ich will nur glücklich sein. You too. Schwieriger ist die Frage, was ist Glück? Happiness means something different to **each and every one of us**.

Diesem Thema müssen wir uns unbedingt später widmen. Aber jetzt habe ich keine Zeit mehr, mit Ihnen zu schwätzen, my dear. I have **changed the subject** now. Wie ich anfangs erwähnte, möchte ich gerne Ihre Arbeit fortsetzen, I hope to continue your work and this means that I don't always have time to write to you, Doubleyou, I have to think about our readers, too. Ich hoffe, dass Sie dafür Verständnis haben, da ich nun unseren Lesern einige Sachen erklären muss. I'm sure at the moment everyone is a little confused. Zuerst verdauen, dann geht's weiter.

So bye-bye, for the moment.

*

Hello again, now back to the business in hand, nun zur vorliegenden Angelegenheit ...

Words and actions are interpreted differently by each of us. Unsere Erfahrungen prägen unsere Erwartungen, our expectations. Let me give you an example of what I mean, but let's get away from all this »man versus woman stuff« (Zeug, Kram) and take a neutral example of different meanings to different people, after all, we have work to do, so concentrate now, please.

Die Sprache, egal welche, ist eine Sache der Weltanschauung. It's a question of individual perception, the different way we see things. Take, for example, the word **urgent**! [*ööh-djent*] für eilt sehr oder dringend! Man könnte meinen, dass dieses Wort sofortiges Handeln verlangt. Immediate action is called for here? Sie denken das und ich dachte es auch, als ich neulich einen Brief von einer Bundes-bla-bla-Anstalt in Berlin erhalten habe. Überall auf den Brief hat man dringend und eilt sehr gestempelt und ich bin sofort in Panik geraten. Kann ich sofort die benötigten Unterlagen, documents or documentation, besorgen? (*Bitte merken Sie sich hier die Begriffe documents oder documentation, denn das Allzweckwort, multi-purpose »Unterlagen« muss im Englischen oft näher definiert werden.)* Habe ich heute Zeit zum Schreiben? Schaffe ich es noch in den nächsten Stunden zur Post? Can I **make it** to the post office? Langsam, reiß dich jetzt zusammen und schau lieber, wann der letzte Termin ist. So I **pulled myself together** and looked for the

deadline. Gefunden. Und? Was glauben Sie, wie viel Zeit da gemeint war? »Eilt sehr« für diese Behörde heißt »Antwort innerhalb von 4 Wochen erbeten«. Na ja, sage ich doch, alles eine Frage der Weltanschauung, oder?

Und noch ein Beispiel: Sie wissen ja, alle diese Bücher zum Englischlernen, die jetzt bei Ihnen im Regal stehen und regelmäßig abgestaubt werden müssen? Viele haben sicher das Wort »intermediate« im Titel. Mittlerweile haben Sie es auch bereits festgestellt: »Intermediate« bedeutet eigentlich »für jeden ungeeignet«, da diese Bücher meistens aus einer Sammlung von veralteten Geschichten über einen Besuch in London oder in New York anno ca. 1970 mit langweiligen Lückenübungen bestehen! Please **fill in** (British English, nachfolgend BE genannt) or **fill out** (American English, nachfolgend AE genannt, subsequently referred to as AE) on the dotted line. No, thank you. Die Welt ist groß, mein Lieber, und die Zeit ist auch nicht stehen geblieben. Time to get up to date. After all, we have entered the year 2001, which since the Stanley Kubrick movie has always been a symbol for the future. Let's concentrate on all those words we really need. You and I both, wir beide haben genug Zeit mit herkömmlichen Lehrbüchern verbracht, jetzt wollen wir Spaß haben, let's have some fun together, let's start as we mean to go on and, in the words with which the Monty Python team used to introduce their shows: »And now for something completely different ...«

So if you are sitting comfortably, ob in der S-Bahn, im Zug, am Flughafen oder sogar zu Hause, we can begin, einige Seiten zu lesen, englische Ausdrücke zu üben, die Sie schon mal gelernt haben, ein bisschen memory jogging, um die mühsam erworbenen Englischkenntnisse aufzufrischen und gleichzeitig zu vertiefen. Every day a little bit more. Und hören Sie bitte auf mit Ihrem beruflichen Stress-Gejammer. Life today **IS** hectic and **if you can't change it** then accept it and stop moaning (meckern) about it, and **if you can change it, then do so** ... and stop moaning about it.

At the same time there is no need to be too hard on yourself, it's quite alright, in Ordnung, for you to take a rest here.

*

Hello again, dear reader,

Also gut, Sie haben sich jetzt auf unsere Aufgabe seelisch vorbereitet. Jeder Erfolg beginnt mit einem ersten Schritt. Es ist noch kein Meister vom Himmel gefallen and only **practice makes perfect**. Wenn Sie das Buch unter Ihr Kopfkissen legen, under your **pillow** (a cushion [***ka**-schn*] is on the sofa, a pillow [***pill**-ō*] is on the bed), in der Hoffnung, dass der Stoff während des Schlafes in den Kopf hineinwandert, dann steht Ihnen eine schwere Enttäuschung bevor. You are **in for** a big disappointment, you are going to be very disappointed, my friend.

Es folgen nun einige aussprachetechnische Hinweise:

Wortschatz ist eine Sache, vocabulary is one thing and another is the question of pronunciation, Aussprache. Eine Sprache, und vor allem Englisch, kann man nicht vom Buch und vom Lesen lernen. Nur Üben und

Sprechen bringen die erwünschten Erfolge. Hier müssen Sie aber auch alles ein bisschen lockerer sehen. Quälen Sie sich nicht mehr z.B. mit der perfekten Aussprache von »the«. Sie sind manchmal zu anspruchsvoll, too fastidious [*fæss-**tid**-i-ös*], my dear. Der definite article »the« hat im Englischen überhaupt nicht die grammatische Funktion, die Bedeutung, significance of der, die, das, den, dem usw. wie in der deutschen Sprache. Machen Sie sich also keine Sorgen. Don't worry! Be happy! Nicht jeder Brite spricht das Wort lehrbuchmäßig aus. Für den Furcht erregenden th-Laut zum Beispiel neigen die Iren eher in Richtung »t«: »I tink it's a good ting.« Ein zweites Beispiel, es gibt auch die Neigung zum »f« – I fink it's a good fing. Die Cockneys, die echten Londoner, sind berühmt dafür. Auch wenn es heutzutage nicht so viele echte Cockneys gibt, nur »Zuagroaste«, heimisch gewordene Nichteinheimische oder Zugereiste für alle, die sich nördlich des Weißwurstäquators befinden. Did you know that die Briten auch ihre Weißwurstgrenze haben? No? Well, I'll tell you. It's got nothing to do with sausages of course, **it's all to do with** class and snobbery, es geht um Snobismus, Bildungsprotzerei und Vornehmtun. The British are experts! London steht selbstverständlich an erster Stelle, das brauche ich hier nicht näher zu erläutern, alles außerhalb Londons ist demzufolge zweitklassig. Wenn es nicht anders geht, darf man in Südengland wohnen, aber keinesfalls im Norden! Watford ist die erste Stadt nördlich von London, also »north of Watford« is derogatory, abfällig, entwürdigend, weil es eben nicht London and the South ist. North of Watford is therefore not a prestige address.

Die Engländer kennen keine Gnade, they **know no mercy**, wenn es um die Aussprache bzw. um den Dialekt oder Akzent der Landsleute geht. Theoretisch also haben Ausländer die besseren Karten als mancher »Inländer«! Nur Mut, mein Freund, reden Sie einfach weiter. Ich will damit nur sagen, **don't make a mountain out of a molehill**! Einen Berg aus einem Maulwurfshügel machen? Natürlich nicht, machen Sie aus einer Mücke keinen Elefanten. Bloß keine Hemmungen mit this and that, these and those, thick and thin, though [*thō*], through [*thruu*], thorough [*thu-rrö*], Thursday, und last but not least thirtieth, auch wenn diese manchmal als dirtiest herauskommt. Anna ist 30, Anna is thirty, hört sich an wie Anna is dirty! Na und? Die englische Aussprache ist bekanntlich schwierig. Everyone knows the problems of pronouncing English correctly. Wären wir alle bei Chaucer geblieben, wäre alles so einfach. Er schaffte den Durchbruch, breakthrough, er schrieb in Englisch statt in Latein oder Französisch, wie damals üblich. Nein, der Übeltäter bei der ganzen Geschichte, das war Caxton, der als Erster das Drucken von Büchern ermöglichte. Sein Problem damals: Die Briten hatten selber keine einheitliche Sprache, sondern mindestens fünf verschiedene, anerkannte Varianten der Sprache. Caxton versuchte, sich an die Sprache des wichtigen Dreiecks London-Oxford-Cambridge anzupassen, wichtig als Zentren des Akademischen, des Handels und der Regierung.

Oxford and Cambridge are still **to this day**, bis heute, the **centres of learning**, and London is of course the **seat of government** and one of the most important trading centres in the world. (*Britain still has* ***centres***, *whereas USA and the rest of the world have* ***centers.***) In anderen Gegenden in England jedoch hat man diese tolle Erfindung, his printing press für die Vervielfältigung, reproduction, von Dokumenten übernommen, und jeder hat die Bücher genauso geschrieben und anschließend gedruckt, wie sie die Wörter vor Ort aussprachen. Es gab keine Vereinbarungen, keine Übereinstimmung, was die Sprache betraf, there were no agreements, no consensus on the way to spell these words, sondern jeder legte einfach mit Begeisterung los.

Das wohl berühmteste Beispiel dafür ist, wie immer, Will Shakespeare, der angeblich seinen eigenen Namen in fünf verschiedenen Schreibweisen darstellte. Our Bill couldn't decide on how to spell his own name, but at the same time he was a genius in the creation of his own new words to suit the situation. It was a case of **anything goes**, nichts ist unmöglich, and somehow, irgendwie ist diese Einstellung, **live and let live**, very British.

Es gibt eine berühmte Anekdote über die englische Rechtschreibung. George Bernard Shaw betrat ein Restaurant und schrieb auf einen Zettel, dass er »ghoti« bestellen möchte. Ghoti? Ganz einfach, erklärte er: das *gh* wie in laugh, also Aussprache *f*, das *o* wie in women, also ***i*** ausgesprochen, und das *ti* wie in nation, das gibt uns also ***sh***. Er wollte nämlich Fisch essen. Wot? Yes, riili, ime telling ju th trooth.

Vielleicht kommen doch einige Worte vor, die sogar Sie, mein Sprachgenie, noch nicht kennen! Ich habe nämlich jede Menge Idioms aufgegabelt und sprühe vor Begeisterung, mit diesen anzugeben. Ich habe versucht, **just in case** (nur für den Fall) Ihnen eine ungefähre Idee von der Aussprache zu verschaffen. Natürlich gibt es ein ganz ausführliches und peinlich genaues phonetisches Alphabet, das ich auch mal gelernt habe und keinen Spaß daran hatte. Um Ihren Spaß am Lesen und Lernen nicht zu verderben jedoch, in order not to spoil your fun, I don't want to be a **killjoy**, ein Spielverderber, finde ich es einfacher, die Wörter so in etwa zu schreiben, wie ein(e) deutsche(r) Muttersprachler(in) sie lesen würde. Das englische Wort »die« für sterben wäre demzufolge *dei*. Die Silben sind getrennt und die betonte Silbe fett geschrieben, e.g. caption [***kæp**-shönn*]. ***æ*** stellt ein **a** dar, das etwas »heller« ist als im deutschen Wort Hand oder Mann, aber keineswegs ein **e** wie in Bett, auch wenn viele Deutsche aufgrund herkömmlicher Lehrmethoden dazu tendieren. Nach meiner Erfahrung kann ein übertriebener e-Laut zu Missverständnissen führen, z.B. wenn Mann als [*menn*] und Männer genauso als [*menn*] ausgesprochen werden. Viele Engländer nördlich der Caxton-Grenze (and north of Watford!) sprechen ***a*** genau wie im Deutschen aus, »a man can« wird demzufolge genau wie ein Mann kann ausgesprochen und nicht [*ö **menn kenn***].

There's more to come, aber nicht mehr viel, so if you could still be patient, nur ein bisschen Geduld noch … Or maybe you are ready to **call it a day**, für heute reicht's, im Sinne von Feierabend machen. There is really no need to overdo it, you know.

Ein lang ausgesprochener Selbstlaut ist mit doppelten Buchstaben dargestellt wie z.B. das Wort für königlich, regal [***rii**-gl*], und ein kurz ausgesprochener durch doppelten Mitlaut, champagne [*schæmm-**pehn***]. »Th« habe ich so gelassen (das ist doch schließlich Ihr Problem!), das allgegenwärtige unbetonte e sehen Sie als *ö* – wie in öffnen, nicht wie in schön. Mir fällt nur noch das typisch englische »o« ein, nachfolgend als ō bezeichnet und wie in Rolling Stones [*rōl-ing-***stōns**] ausgesprochen. OK, so my system is not perfect, but I think it's easy enough for you to get an idea, an approximation, eine Annäherung, dann passt es schon. If you are not satisfied, if you want more, then of course there is always the dictionary to **fall back on**, zurückgreifen, or just call me on the phone! Unless, es sei denn, Sie wollen Ihr Geld wiederhaben. If you want your money back, then **don't call me, I'll call you!**

Why English? Where does this English influence come from? English is a bitch, a whore [*hohr*], eine Hure, die sich nach oben geschlafen hat. »Brave Mädchen kommen in den Himmel, böse Mädchen überallhin.« **Good** girls go to heaven etc. Die englische Sprache hat sich mit allen eingelassen, mit den Kelten, den Römern, Griechen, Germanen, Franzosen, um an die Spitze zu gelangen, nämlich als konkurrenzlos anpassungsfähige Weltsprache. Tausendsassa par excellence. Von Jedermann and Chaucer's Canterbury Tales über Gedichte, Dramen und Liebesgeschichten, Krimis und Komödien bis ins Internet und alles, aber wirklich alles, was dazwischen liegt.

The world speaks English. Die glorreichen Zeiten des British Empire sind vorbei, aber die Welt spricht Englisch. Auf jeden Fall sind es schätzungsweise, an estimated 375 million people, die Englisch als Muttersprache sprechen (incl. UK, USA, Canada, Ireland, Australia, New Zealand, South Africa and Jamaica), und genauso viele, who speak English as a second official language (e.g. in Nigeria, India, Singapore, Ghana). Colonization started the English domination, trade and business continued it and now global media and global communications are making it **absolutely indispensable**, unentbehrlich, and **whether you like it or not**, this means YOU. Learning English is big business. Die Franzosen, deren »Académie Française« sich der Erhaltung und dem Schutz ihrer Sprache widmet, stehen ziemlich allein mit dem Versuch, Anglo-Amerikanisches aus ihrer Sprache fern zu halten. Sie weigern sich, »computer« zu sagen (l'ordinateur), and even refer to the World Wide Web as »le toile«, E-Mail as »message électronique«. Ich betrachte es als hoffnungsloses Unternehmen, **doomed to failure**. A language, every language, changes constantly in a gradual and natural process. The significant advantage of global communications is that new concepts reflecting major scientific, cultural and social changes are mostly part of the German language now anyway! (Soll ich die beiden letzten Sätze übersetzen, oder versuchen Sie es lieber selber?) In Deutschland lehnt man diese neuen Wörter und Begriffe nicht ab wie in Frankreich, sondern umarmt sie wholeheartedly, aus vollem Herzen. Just a few examples of Neudeutsch:

Health & Beauty: AIDS, Cloning, Fitness & Wellness, Aftershave, Make-up, Lotion, Lifting,
Business: Insider Trading, Joint Venture, Outsourcing, Brainstorming, Sponsoring, Mind Mapping, Fusion, gecancelte Meetings,
Society: Lifestyle, Small Talk, Yuppies, Midlife-Crisis, Design Trends, Highlights, Recyling, Flirt,
Sports: Outdoor-Weekend, Winterfun, Skateboard (führt zu seltsamen grammatischen Vermischungen wie z.B. ich habe geskateboardet),

Communications: Information Technology, dot.com, der Homepage Award, Online-Shopping, Chatrooms, *Professions*: Ghostwriter, Key Account Manager, Telemarketing Representative, Controller, Discjockey, Facility Manager (zuständig für das Gebäude, vom Hausmeister bis zum Prokuristen! Klingt sehr gut, was?), Sales Specialist und ziemlich neu für mich, jetzt auch Trainee

... and very many more, **too numerous to mention,** und zahllose andere Beispiele wie z.B. apparently, as I heard on the radio recently – **on** the radio, not **in** the radio – »After-work Clubbing«. Die deutsche Sprache ist jedenfalls aufnahmefähig. Die englische Sprache ist auch nicht vollendet, nicht »fertig«, und kann es nie werden, sie entwickelt sich weiter von Tag zu Tag. (*Fertig ist hier »**finished**« im Sinne von zu Ende gebracht. Fertig kann manchmal auch mit »**ready**« übersetzt werden, die Bedeutung in diesem Fall ist, dass man bereit ist für das Nächste. Ich bin fertig, gehen wir? I am ready, let's go.*)

Ready, steady, go ...
Auf die Plätze, fertig, los ...
Learning a language, in our case English, is for the purpose (Zweck) of communication and the trick is very simply to communicate with enthusiasm, shed (throw away) your inhibitions, Ihre Hemmungen loswerden, wegwerfen, ablegen, like **a snake sheds its skin**. You must be able to do this, linguistically speaking, that is. Language is about sharing ideas, thoughts and feelings, **not to mention** music, literature, science, medicine and technology. Es gibt etwa 250 unregelmäßige Verben, Sie sind sich nicht sicher, ob dived oder dove,

strived oder strove – na und? Ihr Gesprächspartner ist sich wahrscheinlich auch nicht so sicher und es interessiert ihn wenig. Ihre Begeisterung für diesen Dialog ist viel, viel wichtiger: **The medium is the message!**

A clever thought, isn't it? Leider stammt er nicht von mir, sondern von dem amerikanischen Werbeguru Marshall McLuhan, schon vor einer Ewigkeit, ages and ages ago, als die Werbung laufen lernte. Amerikaner, Australier, Briten u.a. schämen sich in der Regel, dass sie keine Fremdsprache beherrschen, and are very impressed when foreign nationals speak English. Sie sind bereit zuzuhören, verstehen fast alles und korrigieren selten. In diesem Sinne und wenn es einigermaßen geht, ist »Do-It-Yourself« auf jeden Fall besser als eine dritte Person, wie z.B. einen Dolmetscher, hinzuzuziehen. Laut Ambrose Bierce in his work *The Devil's Dictionary* lautet wie folgt the definition of an interpreter: »Interpreter: One who enables two persons of different languages to understand each other by repeating to each what it would have been to the interpreter's advantage for the other to have said.« Ich verstehe es so, dass der Dolmetscher nie ganz objektiv sein kann, es ist unmöglich, denn alles, was er sagt, muss zwangsläufig durch seine eigenen Erfahrungen geprägt sein. Ich halte das nicht für ganz falsch und auch nicht für ganz böse, es ist einfach natürlich, dass wir die Sachen aus eigenem Blickwinkel betrachten und wie im o.g. Fall der Dolmetscher es »zu seinem Vorteil« weitergeben.

You have bought this book, which proves that you are willing, so over the next few days, weeks or months **learning by doing** ist nun angesagt. Lernen

Sie erst das, was Sie schon können! Ich wünsche Ihnen viel Glück und viel Erfolg. **Good luck**!

Alle Personen sind frei erfunden oder allgemein bekannt, bzw. ich habe irgendwo und irgendwann etwas über sie gelesen. Es ist auch möglich, dass die schlauen (smart, clever) Gedanken von berühmten Philosophen, Persönlichkeiten usw. ausgeliehen, borrowed, oder geklaut (stolen, nicked, pinched) wurden. Sie werden sie aber sofort erkennen, weil Sie diese auch mal gelernt haben, und sie schlummern in Ihrem Unterbewusstsein, subconscious mind, until your memory is jogged. Jetzt kommt **memory jogging** zum zweiten Mal vor, aber diesmal doch mit einer Erklärung: **to jog someone's memory** is to remind him of something. Ich habe also nichts Neues erfunden, Sie wissen schon alles oder fast alles, bzw. at some time in your English-learning life haben Sie sich damit beschäftigt. Der Dornröschenschlaf ist vorbei – wake up, Sleeping Beauty, I kiss you gently awake ...

*

Das war doch nicht zu schwierig, oder? Let's say, on a scale of 1 to 10, just how bad was it? What, 9.999999 (nine point nine nine **recurring**)! Sorry, but I just don't believe you. Sie müssen sich schon ein bisschen mehr Mühe geben, come on, make an effort. I need you and you need me. Was ist ein Autor ohne seine Leser? Ein armes Schwein, würde ich sagen. Ich habe meine Erfahrungen gemacht und brenne darauf, diese mit Ihnen zu teilen. Sie müssen sich die Leckerbissen herauspicken, nur das, was Sie benötigen, **on a need-to-know basis**. Auch keine leichte Sache, wie alle

Quizshow-Teilnehmer, contestants, wissen. »Was man nicht weiß, das eben braucht man, und was man weiß, kann man nicht brauchen.« (*Faust, Teil I*)

Wir haben die Zukunft in unseren Händen. Natürlich will ich Sie verführen, aber ich bin doch harmlos, es tut nicht weh, die Fantasie kennt keinen Schmerz. Sie müssen nur an die drei Regeln denken: üben, üben und nochmals üben. But that's enough for today, put me down now. Unless you want to go to bed with me. Not any book will do as a bedtime reader, you know. Schlecht geschriebene, langweilige Bücher fördern zwar den Schlaf, aber wo bleibt denn all the fun and entertainment? A boring book is almost as bad as a boring lover! I want to be your friend, I want you to enjoy spending the time in my company, and I want to be amusing, stimulating and interesting for you. Sie dürfen mal fremdgehen, I don't mind if you have an occasional, gelegentlich, affair with another book, as long as you come back to me. Promise? Und kurz vor dem Einschlafen überlegen Sie bitte, welche Rollen wir morgen spielen wollen:

> »All the world's a stage,
> And all the men and women merely players,
> They have their exits and their entrances;
> And one man in his time plays many parts.«
> *As You Like It (W. Shakespeare)*

> »Die ganze Welt ist eine Bühne,
> Und alle Frauen und Männer Komödianten;
> Sie treten auf und ab, und während seiner
> Lebenszeit
> Spielt manche Rolle hier der Mensch.«

So now, my dear, as you exit stage left, I enter stage right and will play one of my many parts. Why this quotation – Zitat? Well, we began with Walt Disney, so **it seems fitting** (angebracht), **appropriate** (passend), **suitable** (geeignet) to end with William Shakespeare. Beide haben die Welt bereichert, enriched. Eine Welt ohne Mickey Mouse wäre für Sie auch unvorstellbar, oder? And a world without his Romeo and Juliet, (which means no West Side Story either), without Othello, »just a jealous guy«, without the legendary King Lear, supposed descendent of Aeneas, without Hamlet (*surely »to be or not to be« must be the most famous quotation in the world*?) or without my all-time, personal, very special favourite Macbeth (*it's very short! Überraschend kurz für unseren Meisterdichter, dafür aber super spannend*), this would be just as inconceivable. Inconceivable *[inn-konn-siiv-öbl]* kam schon im letzten Satz vor (unvorstellbar). Don't you just love the scene where Lady Macbeth is going **ever so slightly** crazy (Umgangssprache für ein kleines bisschen) and is trying to wash the imagined blood off her hands? »Out, damned spot, out, I say!« (Fort, verdammter Fleck, fort, sag' ich!) Apart from being full of out-of-work actors, the world would be a much **poorer*** place. I just can't imagine it, can you?

---

* Please note the use of the word »poor« here. Poor ist nicht nur arm, sondern auch armselig, bedürftig oder sogar schlecht, wie z.B. I am feeling poor or poorly. Noch ein Beispiel habe ich heute im *Time Magazine* gelesen, und zwar ein Zitat in Bezug auf die Umwelt und den Umweltschutz, the environment and its protection:
»Good water, good life. Poor water, poor life. No water, no life.«

Yours forever
Doosie

PS: Our bags are packed and there is fuel in the Lear Jet so there is nothing to stop us! Bis morgen.

Warum PS, fragen Sie? Hat sie noch nicht genug geschwätzt? Eigentlich nicht. I can talk **nineteen to the dozen**, reden ohne Punkt und Komma. They say »Silence is golden«, but only if you are a Trappist monk, which I am not. Kennen Sie den Witz über zwei Frauen, die 25 Jahre lang wegen Ehegattenmords im Gefängnis in derselben Zelle sitzen? Am Tag der Entlassung umarmen sie sich zum Abschied, als plötzlich die eine zur anderen sagt: »Ich ruf' dich heute Abend an, ich muss dir was erzählen!« Dafür brauche ich PS!

Review

Ich denke bei jedem Wort an Sie, vertrauen Sie mir. I need to know, however, that you are still here with me and that you have been paying attention and maybe making a note of some of the words you may need. (Sehen Sie, es geht doch, sehr behutsames Englisch!) There is no better place to start than at the beginning, so **let's begin as we intend to go on** and here is a little test for you. Quite easy for the moment, just a few words. Bitte übersetzen Sie ins Englische:

1) offensichtlich
2) Rücksicht nehmen
keine Rücksicht nehmen
3) schätzungsweise

4) Begeisterung
5) sich Mühe geben
6) drei mögliche Wörter für klauen
7) eilt sehr, dringend
8) Dolmetscher
9) von ganzem, tiefstem Herzen
10) Leidenschaft
11) Sitzkissen/Sofakissen .... is not the same as Kopfkissen ....
12) leihen. Ich helfe Ihnen mit einem Spruch, a saying: »Neither a borrower nor a lender be.«

No problems there, I think. How did you do? Wie war's? Ich nehme an, I assume you got 12/12, twelve **out of** twelve? 10 out of 12 is **not bad either,** auch nicht schlecht.

Answers:
obvious, obviously/take account of/take no account of/estimated/enthusiasm/make an effort/steal, pinch, nick/urgent/interpreter (an interpreter spricht, a translator schreibt)/from the bottom of my heart/passion/cushion/pillow/to ***borrow from*** *someone, to* ***lend to*** *someone.*

2

Auf einen Blick

Dearest Doubleyou,

als Frau muss man bekanntlich, as you know, viele Frösche küssen (and please, don't say »many frogs« but **a lot of** frogs«), wovon man im besten Fall Herpes bekommt, bis man den Prince Charming gefunden hat. Some day, my prince will come, träumt ein Mädchen in Märchen, in **fairytales**, aber wenn wir ganz ehrlich sind, spukt dieser Gedanke in real life nicht die ganze Zeit unbewusst in jedem Frauenkopf herum?

Um den Beziehungsstress von Anfang an zu vermeiden, in order to avoid relationship stress from the very beginning – und schon geht's los – mit Kleinigkeiten wie Anrede; ob du/Sie zu mir du oder Sie sagst/sagen (oder ich zu Dir/Ihnen), if you see what I mean. Ich schlage vor, I suggest, wir sagen einfach **you** zueinander. Es passt immer, von Your Majesty bis you darling. Was für eine großartige Erfindung! You is a wonderful word and provides absolute freedom from social anxiety. This is probably the real reason of course, why English has become the ideal language of communication. There is another significant reason of course, namely, that in English there is no gender [*djenn-dö*], no der-die-das oder le-la-les for the non-native speaker to learn. You **don't have to think twice**, nicht nachdenken, just **get on with** it, machen Sie den Mund auf und reden Sie los! Nix Brüderschaft trinken, so ein Unsinn, what a lot of rubbish that is. Übrigens, by the way, why not Schwesternschaft unter Frauen oder wäre nicht »Geschwisterschaft« eigentlich **politically correct**? Das zeigt uns auch, dass die Emanzipation sprachlich gar nicht vollzogen werden kann, obwohl die neue deutsche Sprache das »Fräulein« aus ihrem Sprachschatz beinahe gestrichen hat. »Herrlein« gibt es auch nicht. Ich verstehe wirklich nicht, warum ein 15-jähriges Mädchen kein Fräulein mehr ist, aber **on the other hand**, heutzutage, nowadays, sehen die 15-jährigen Mädels wie 20-Jährige aus und die muss man siezen, oder? Wie man es macht, ist es falsch, in other words, **you can't do right for doing wrong**.

A propos Anrede, speaking of how to address people (**speaking of** oder **talking of** ist sehr nützlich, um in eine Unterhaltung einzusteigen, bitte jetzt schon merken), ich denke an Miss Elizabeth Taylor who was considered a great beauty in her time. Sie war ja 8-mal verheiratet (sieben Männer verschlissen) und trotzdem, in spite of this, sollen alle sie mit Miss anreden, ich nehme an, bis sie etwa 100 Jahre alt sein wird, I suppose until her 100th birthday. Another example wäre La Grande Mademoiselle de la mode, Coco Chanel: Frankreichs wohl berühmteste Modekönigin, France's most famous fashion queen, war nie verheiratet – die Frau, die uns vom Korsett und von sonstigen Folterinstrumenten befreite, »das kleine Schwarze« erfand und Modeschmuck salonfähig machte, pflegte jeden zu korrigieren, der zu ihr »Madame« sagte. She **used to** correct everyone who addressed her as Madame with: »Mademoiselle, s'il vous plaît!« (***Used to*** *sollte man sich wirklich merken, der Ausdruck muss gelernt werden, ist wichtig und kommt immer wieder vor. Hören Sie ab heute auf »in former times« zu sa-*

gen. Bitte. Mir zuliebe.) Und als der Herzog von Somewhere-or-Other um ihre Hand anhielt, he asked for her hand in marriage, sagte sie with her nose in the air: »Herzogin kann jede sein, Coco Channel nicht.« Well, anyway, that's enough **for the time being** (schönes Englisch – eigentlich mit »vorläufig« zu übersetzen, gilt aber auch für »momentan, zurzeit«) of my **opinions on**, meine Meinung über den fehlgeschlagenen Emanzipationskrampf, auch wenn mir die Suffragetten sehr imponiert haben. Wie die mutige Suffragette, die alles, aber auch alles für »the cause« geopfert (sacrificed) hat, als sie sich vor das Rennpferd des Königs geworfen hat, um die Leute auf die Rechte der Frauen aufmerksam zu machen. Heute in order to draw attention to the cause, wirft sich keine Frau vor ein galoppierendes Pferd, solche Sachen überlassen wir doch lieber den Männern.

But now back to you, my dear, I want to be treated (Aussprache: ***trii-tid*** – behandelt) like a lady, nach altmodischer Art, also »in the old-fashioned way« or as Marilyn Monroe said: »**I don't mind** living in a man's world, **as long as** I can be a woman in it.« Göttinnen wie MM sind unsterblich, immortal, und der Spruch bleibt immer aktuell. Vor einigen Tagen habe ich Ähnliches von einer amerikanischen Top Female Executive, President of some global corporation or other gelesen, unser Update lautet heute so: »Look like a woman, think like a man.«

Aber zurück zu »I don't mind«, ich habe nichts dagegen. Wenn ein Engländer fragt: »**Do you mind if** I smoke or open the window or sit here etc?«, lautet meine Antwort klar und deutlich »No!« oder sogar »Not at all!«. Auf keinen Fall: »Yes, please«, da ich weiß, das sage ich nur, wenn man mich fragt, ob ich was haben will. Vorausgesetzt, ich will!

So, as I said a few paragraphs earlier, sagen wir ganz zärtlich »**you**« zueinander, schauen wir uns tief in die Augen wie Humphrey Bogart damals mit Ingrid Bergmann, one of the greatest romantic partnerships in the history of the cinema: »Here's looking at you, kid«, man muss nicht alles totreden. Was er damit sagen wollte, by the way, war nicht unbedingt »Ich schau dir in die Augen, Kleines«, wie wir alle so schön zitieren können, sondern es handelt sich hier eigentlich um eine Fehlübersetzung eines US-amerikanischen Trinkspruchs »Auf dein Wohl« oder »Sehr zum Wohl«.

Good night, my dear. Sleep well.
Doosie

*

Good morning, cher ami,

I got up this morning, looked out of the window and saw that it is **raining cats and dogs**. Schon wieder strömender Regen. Wie praktisch sich das gute alte Wettergeschwätz als nationalitätenunabhängiges Thema, **subject,** erweist, wenn man in Verlegenheit ist, when its embarrassing because you can't think of anything else to talk about. Es wird einem in Europa vieles eingeredet, was Englisch ist und was nicht. Small talk about the weather is definitely very British. Ich las vor einigen Tagen in einem Buch von einem deutschen Journalisten und habe mich über folgende Zeilen köstlich amüsiert:

»Viele Briten lieben es geradezu, anderen hoch erhobenen Hauptes zu erklären, dass das Wetter, dass der ganze Sommer wieder einmal von auserlesener Scheußlichkeit sei. So mancher sagt dies wie im Triumph. Viele lieben es sogar, darauf zu wetten, wie viele Tage hintereinander es wohl regnen könne. Oh Freude, hier neue Rekorde aufzustellen!« *(Wolf von Lojewski, Die Briten sind anders, S. 23)*

Über das Wetter zu sprechen, ist auch hier on the continent üblich geworden. Aus irgendeinem Grund, **for some reason or other** and presumably something to do with global warning, gibt es hier bei uns die vier Jahreszeiten nur noch im Kalender (und natürlich auch in der Musik, nämlich The Four Seasons **composed by** Vivaldi und am liebsten interpretiert, wenn Sie mich fragen, **if you ask me**, which you do of course, von Nigel Kennedy. Do you know Nigel Kennedy, isn't he just wonderful? – enfant terrible unter den Geigern oder **prime example** einer neuen Generation von Engländern und genauso **eccentric,** wie es sich gehört. **He does his own thing**, könnte man sagen für jemanden, der seinen Weg geht, und er darf das, weil er so eine enorme Begabung hat).

But to return to the subject, in Wirklichkeit trägt man an Weihnachten Blazer und sitzt im Biergarten – nicht mit Adventsstimmung, sondern nur unter kahlen Kastanienbäumen, sitting under the »bald« [*bohld*] chestnut trees. Man zieht an Ostern die Winterklamotten inklusive Liebestöter an, including **passion killers** such as »long johns«, Opas lange Unterhose, und grandma's »bloomers« (the name for rational dress for women, as advocated, advised, recommended by

Mrs. Amelia Jenks, 1818–1894, »loose trousers reaching to the knee« – very sexy) und eventuell (schon gut, Sie brauchen es mir nicht noch mal zu sagen – »eventuell« ist ganz und gar nicht eventually, was »schließlich oder endlich« bedeutet, sondern hat mit Möglichkeit zu tun, also possibly), eventuell schaltet man die Heizung im August ein. In Deutschland kann man es nicht vermeiden, über das Wetter zu sprechen! Nur mit größter Schwierigkeit, with the **utmost** difficulty, zieht man das Richtige an, um von einem herrlichen Sommerspaziergang nicht mit klappernden Zähnen, with your teeth chattering, und bis auf die Haut durchnässt (same idea – **soaked to the skin**) nach Hause zu kommen.

Der Engländer nimmt selbstverständlich seinen Regenschirm, his trusty umbrella, überall mit und hier handelt es sich nicht um einen Knirps, der wäre viel zu praktisch und zu fortschrittlich. Nein, er nimmt ein riesiges unpraktisches Monstrum mit, Hauptsache, handgefertigt von Meisterhand in einem kleinen **turn-of-the-century**-Fachladen in einer Gasse in London, near Piccadilly Circus (which as we all know, is not a circus at all, but a mini-**roundabout** with a mini-statue of Eros, God of Love, identified by the Romans with Cupid. Now that I have your attention again, having mentioned Eros and love, I'm afraid I must disappoint you as I shall now return to talking about boring umbrellas and not develop this subject further, for example about your exciting daydreams) ...

So here we are in a narrow street just **to the left of** Eros, where everything has been **made by hand** for generations. Ach ja, dort sind wir, patschnass und ohne Schirm, wir schimpfen aber nicht über unsere eigene Vergesslichkeit, forgetfulness, und Mangel an Vorsicht, lack of foresight, sondern wir jammern über das Wetter! Wir jammern, wenn es im Sommer zu heiß ist, wir jammern, wenn es im Winter zu kalt ist, wir jammern, wenn es regnet, und wir jammern auch dann, wenn es nicht regnet und die Natur es braucht, weil die Ernte verdorrt, dries up, withers.

Können wir jammern und meckern übersetzen? Nein? Ich auch nicht, also nicht so richtig, not properly (vielleicht kommt das Wort eben häufiger in Deutsch vor ...), auf jeden Fall steht im Wörterbuch »grumble«, auch nicht schlecht wäre »moan«, aber zwei Wörter, die man wissen sollte: 1. »whining« and 2. »whingeing«. First of all, let's take a little **play on words:** in conversation with Americans, ***whine*** – Aussprache »wine« wie Wein zum Trinken. To whine, wie gesagt, ist jammern, und das muss wirklich nicht sein, oder? Americans are very quick to notice and to criticise **whining**. Wenn einer ständig jammert, wird er auf eine ganz nette Art und Weise darauf aufmerksam gemacht. Es heißt: »Would you like some cheese with that whine?« (Die so genannten wine & cheese parties sind sehr beliebt in England und USA. Man bringt eine Flasche mit, der Gastgeber steuert eine Käseauswahl sowie Brot und Crackers bei.) The English sind dagegen »a nation of whingers«, ein jammerndes Volk: ***whinge*** – Aussprache *winndj* wie hinge (steht leider nicht im Wörterbuch, aber **wir** wissen es, nicht wahr?).

Das Wetter dient schließlich auch als wunderbarer Sündenbock (wortwörtlich übersetzt mit **scapegoat**, ich würde aber einfach sagen »the weather is **to blame** for« ... für Kopfschmerzen, Lustlosigkeit, bei Streitigkeiten oder Auseinandersetzungen mit dem Allerliebsten sowie für schlechte Weinernte und jede unbegründete Verspätung der Bundesbahn. In other words, if you have a headache [*hedd-ehk*], you don't feel like doing anything, i.e. listlessness or apathy [*æ-pæ-thii*], or if you have a quarrel, Zank, Zwist, Krach (quarrel, sprich: [*kwo-rell*], o ganz kurz wie in hot). So the weather is ultimately responsible, the weather is to blame for quarrels with **your nearest and dearest**, poor grape harvest or in the case of all unfounded delays on the railways.

That's all **for the time being**, as **I'm feeling a little under the weather**, etwas angeschlagen.

With love
Doosie

*

Dear W.,

Now where were we? Wo sind wir stehen geblieben? I seem to remember talking about relationships before the subject of the weather **cropped up** (the subject came up, just as crops, Getreide comes up). Like all men, erzählen Sie immer wieder – again and again or over and over again – über ihre Erfolge bei den Frauen, auch wenn es nur das übliche Männergeschwätz ist, über Ihre **one night stands** (jetzt sowieso Neudeutsch, One-Night-Stand). Ein trauriger Hinweis auf unsere aktuelle Kultur wie z.B. auch Blind Date, engl. **blind date,** und ... und ja, wir wissen ja alle mittlerweile, dass »aktuell« auch so ein falscher Freund ist, un faux ami, da die Bedeutung »aktuell« im Englischen z.B. mit **current** oder **present** oder **up-to-date** ausgedrückt wird (actual in fact means tatsächlich).

Actually, my dear, to return to what I was saying, which was, if I remember correctly (in diesem Satz habe ich bis jetzt nichts gesagt – ist aber herrliches Englisch, oder?). Wir haben hier **in a nutshell**, kurz gefasst, den Unterschied, or rather, einen der vielen Unterschiede zwischen Mann und Frau. Eine kluge Frau hält diesbezüglich den Mund, der Mann bekommt Logorrhö. A propos (we had this word right at the beginning, do you remember what the Brits say to join in the conversation, referring vaguely to what has gone before?), speaking of »bekommt«, mittlerweile, in the meantime, weiß wohl jeder, dass dies nicht mit »becomes« zu übersetzen ist. Ha, ha, darauf fallen wir nicht mehr rein und sagen nicht: »Waiter, when do I become a steak?« The answer of course is: »I hope never, sir!« (»I hope never, madam!«) And talking of waiters, this reminds me of some good waiter jokes and if you are very lucky, I might tell you later.

For the moment, however, jedoch, we are talking about the Battle of the Sexes, as usual, wie immer. The fact is that men come from Mars and women from Venus. Absolutely true and thank you, Dr. John Gray, I'd like to meet your wife one day. Männer wollen immer nur das Eine (Sex), Frauen auch (Liebe). Man hat uns (Frauen) ständig falsch informiert. Ich denke z.B. an »Liebe geht durch den Magen«, absoluter Schwachsinn. If you think the way to a man's heart is through his stomach, then you're aiming too high! To aim bedeutet zielen.

Na ja, auch wenn ich nichts gegen ein bisschen **pillow talk** habe (wortwörtlich Kopfkissengespräch, die

Bedeutung also Bettgeflüster), lassen wir Sex als Leistungssport aus dem Spiel und konzentrieren wir uns and concentrate *(no reflexive form)* auf die Wortspiele, die für Sprachschüler auch sehr nützlich sein können, ob eindeutig oder zweideutig, aber bitte anspruchsvoll und ein gewisses Niveau vorausgesetzt.

Das Lachen hilft uns auch beim Lernen, humour is an ideal way to learn und bildet für uns ausgezeichnete Eselsbrücken. Und jetzt erwarten Sie, dass ich »Eselsbrücke« übersetze, nicht wahr? Nicht so einfach und bitte hören Sie auf mit Ihrem *donkey bridge*, das gefällt mir ganz und gar nicht. Es gibt zwar das Wort *»mnemonic«*, ein seltsames Wort für Merktechniken. Manchmal lernen wir mit Anfangsbuchstaben sowie ASCII für American Standard Code for Information Interchange. (*Schöne Grüße an alle computer freaks out there – did you suddenly start to pay attention?*) Oder auch mit Reimen, z.B. »In fourteen hundred and ninety two, Columbus sailed the ocean blue«. Englische Kinder werden also auch nicht verschont, solche Sachen auswendig, **by heart,** zu lernen. Eine internationale Lernmethode and sometimes the only way to remember something thirty years later. Die Anstrengung hat sich gelohnt, **the effort was worth it**.

Es mag schon sein, dass die Engländer keine Wortspiele mögen, obwohl ehrlich gesagt, ich kann diese Behauptung nicht nachvollziehen (who said this anyway? Was it you? Did I read it in one of your books, Doubleyou? Kann das sein?), aber den Engländern brauche ich hier kein Englisch beizubringen – sie können es schon – einigermaßen, more or less. Toleranz ist auch ein Produkt der Bildung, also müssen wir alles tolerieren, versteht sich, **self-explanatory**, isn't it?

Wenn es um unbeabsichtigte Wortspiele geht, unintentional puns and doubles entendres (Aussprache bitte as French as possible), stammen die besten aus Übersetzungen, where a little bit of English is a dangerous thing! Hier einige tolle Beispiele aus der ganzen Welt:

1) On the door of a laundry (Wäscherei oder Reinigung) in Rome:
»Ladies, leave your clothes here and spend the afternoon having a good time.«

(Na, das ist ja ein super Angebot, oder?)

2) Advertisement (Werbung oder Reklame) for donkey rides in Thailand:

»Would you like to ride on your own ass*?«
(Well, would you? Wie denn sonst?)

3) Sign in a Norwegian cocktail bar –

»Ladies are requested not to have children in the bar.«
(Please use the lounge for this activity?)

If you didn't **get the joke** the first time, then don't give up, just try reading these notices again. Alle gut gemeint, all meant well, und keine Wortschatzfehler, aber da ist wohl was schief gelaufen, oder? Something **has gone wrong** anyway, even though technically correct, eine zweite Bedeutung lässt grüßen, in number 2) Esel und Po, in number 3) »haben« im Sinne von mit dabeihaben und nicht bekommen, kriegen.

Let's take a break here …

*The matter of ass is explained in detail in a later chapter!

My dear W., Sie schreiben oft und gerne über Frauen. Ich auch – **me too** (wäre perfektes Englisch und am einfachsten für die Zustimmung, aber natürlich wird hier der Deutsch-Denkende »**I also**« sagen. Nein, mein Lieber, das ist schon wieder Denglish und sowas würden wir nie sagen, we simply wouldn't, would we? Der Trick ist, dem englischen Gesprächspartner genau zuzuhören und ein Teil davon für sich zu übernehmen und zu wiederholen, also nur zur Übung:

»**I can** understand/I can do that/I can be there.«
»**So can I.**«
»**I am** happy/sad/fat/thin/bored.« »**So am I.**«
(sowie zahllose andere Zustandsbeschreibungen)
»**I have** seen it/eaten it/read it/been there.«
»**So have I.**«
(für all das, was man auch bereits gemacht hat)

Wenn es sich nicht um diese Rambo-Verben handelt, d.h. sein, haben, können, the so-called auxiliary verbs, in Ihrem Lehrbuch die so genannten Hilfsverben (was für ein unpassendes Wort, da solche Verben überhaupt nicht helfen, sie sorgen eher für allgemeine Verwirrung), everything else, alles andere wird erbarmungslos durch »do« ersetzt. Wie praktisch, nicht wahr? Auf Papier schon. Hier einige Behauptungen und Feststellungen, Tätigkeiten, die man immer wieder macht:

»I write/play/go/eat/see/watch ...« »So do I.«

Ist das nicht einfach? Of course it is, my dear, natürlich, **just don't panic**!

Um wieder von vorne anzufangen: You like writing about women. So do I. Die einzige Frau, zu der Sie eine wirkliche Bindung haben und die Sie nicht nur als Objekt der Begierde betrachten, object of desire, das bin ich. Sie kleiden mich mit Eigenschaften – characteristics ein, mit allem, was sich das Herz eines Mannes wünscht. In Wirklichkeit existiere ich nicht bzw. nur in Ihrer Fantasie und so verkörpere ich, I personify (Betonung bitte auf *»**sonn**«* und am Ende als *fei* ausgesprochen!) die wahre Partnerschaft, die innere Wärme, das geistige Verständnis, das als Einziges zwei Menschen auf Dauer verbindet.

Ihr Pygmalion-Bestreben kann mir gestohlen bleiben, you can keep your Pygmalion ideas to yourself, Professor Higgins. I can already pronounce as perfectly as Eliza »The rain in Spain stays mainly on the plain«, but I don't need to apply, anwenden, this very often in my daily life. Professor Higgins machte einen großen Fehler, indem er die Intelligenz und die Persönlichkeit der Blumenverkäuferin, the flower seller, sehr unterschätzte (good word here: **underestimated**).

Sie denken vielleicht, wie viele intelligente Männer, dass Ihr IQ or, in English, your I.Q. (Aussprache bitte *ei-**kju***) für zwei oder sogar für die ganze Familie reicht. Die Traumfrau muss schön sein. This is obvious, it goes without saying, aber es gibt/**there are** noch wichtigere Eigenschaften (*übrigens people have »characteristics« for example, they are nice, kind, intelligent or ambitious (ambitious? [æmm-**bi**-schöss], ehrgeizig) and things have »properties« such as the properties of chemical compounds, what they are composed of, e.g. Polyäthylenterephthalat has properties – but who cares? Let's just call it PETP in English, if the chemists* *amongst you ever need to*). Mrs. Traumfrau ist vor allem schweigsame Bewunderin, anpassungsfähig und allzeit bereit. Allzeit bereit? Zum Lernen von Idioms, of course, oder was haben Sie denn gedacht? I thought so, dachte ich mir doch.

Before I continue, I must just give a little advice to our readers: Take this book in your hand and promise me that every day you will learn just one idiom, phrase or word. Only one please. Das ist wirklich nicht viel verlangt und nach nur einem Jahr beherrschen Sie schon 365 nützliche Redewendungen bzw. einen alltagstauglichen Wortschatz. Wahnsinn! Write one phrase or even one useful word down on a piece of paper, Zettel, and carry it around with you all day. (*Nicht nur mit sich den ganzen Tag herumschleppen – you have to take it out of your pocket occasionally, now and again, ab und zu, gelegentlich, and look at it, learn it and practice it.*) **Practice makes perfect**. Um den Geschäftspartner zu beeindrucken, braucht man schon mehr als »How nice!«, »What a pity«, »You're so kind« »You have a lovely dog/wife/child/house/office/car« and so on.

Zurück zum Thema Traumfrau: **Let's go into this in more detail**, da wir Näheres erfahren wollen, und zwar qualitativ und quantitativ. Hinsichtlich Quantität, **in respect of** quantity, this usually means not too much – man denke hier an ein beliebtes Frauenthema: Gewicht. The quantity problems are usually to be found in »too much« as »too little« is actually very chic. Provided that too little does not mean just skin and bone. Wollen wir wirklich heute einen wandelnden Kleiderbügel als Vorbild? Kate Moss hat‘s doch geschafft – she‘s made it – now amongst the rich and famous, world wide, as can be expected, was zu erwarten ist, in these days of global communications, und sie macht eine Menge Geld mit ihrer übertriebenen Schlankheit.

Ally McBeal ist zurzeit auch eine Kultfigur, first in USA and now a few years later also here in Europe, as is always the case. America always leads the way, sets the trend. The actress in this TV series is incredibly thin, sie ist unglaublich dünn und doch oder deshalb unheimlich sympathisch.

Sind Gebeine erotisch? Personally, speaking for myself, I don't think so, ich glaube nicht (***think** ist o.k. für alles, was man meint, glaubt, denkt, nicht I don't believe so, das wäre hier falsch*). Die Bibel spricht auch von Fleischeslust (**carnal desire**!), nicht von Knochenlust! Das englische Wort für Fleisch, das noch am Körper ist und nicht auf dem Teller, heißt **flesh**, so the next time your diet **fails miserably**, and it will, sie misslingt bestimmt – **it is bound to** fail, so you can practice saying: »**The spirit is willing but the flesh is weak.**«

Die Modedesigner bringen es anscheinend nicht fertig, eine »normale« Frau super cool aussehen zu lassen. Sie sind überfordert, wenn ein »gestandenes Frauenzimmer« die Kleidergröße ab 40 aufwärts hat. If the fashion designers can't manage it, then there must be another way to fight the battle of the bulge. (Bulge [*baldj*] laut Wörterbuch ist eine Anschwellung, Wulst, und wird in einem späteren Kapitel behandelt.) Doch, es gibt angeblich eine Lösung; jede Woche erscheint eine Wunderdiät in irgendeiner Illustrierten – endlich eine einfache Übersetzung für Wunderdiät, wonder diet (two syllables, please [***dei**-ött*]), und man verspricht sich davon Schönheit, Glück und Wohlbefinden, weil man so viel Selbstvertrauen bekommt. Self-confidence comes from feeling beautiful, feeling happy and feeling good.

Die Zauberformel hat noch niemand erfunden (leider – he or she wäre innerhalb kürzester Zeit die reichste Person der Welt, so vermögend, dass der Sultan von Brunei vor Neid erblassen würde. Well, maybe not, as he still has enough pocket money for solid gold wheel rims, Felgen, and a few wives and he need not **turn green with envy**). A magic formula is needed, die erlaubt, wahllos alles in sich hineinzuschlingen und trotzdem die Figur eines Topmodels zu haben. It can't be done by magic. What a pity! Auch wenn ich mal gelesen habe, in a headline guaranteed to draw attention, die Aufmerksamkeit des Lesers erregend, »minus 10 Kilo in 10 Minuten«, what absolute nonsense, **what utter rubbish**! The english newspaper *The Mirror* had a **front page headline**: Lose weight by BREATHING: We prove how it can be done in Mirror Magazine TODAY.« Who **thinks up** these things, wer denkt sich so etwas aus? Ich soll mein Gewicht wegatmen? (*Übrigens, um ein geschriebenes Wort in Englisch zu betonen, to emphasize one word, please note the Capital Letters. Das Wort auseinander zu schreiben, ist eine deutsche Schreibweise, die im Englischen nicht üblich ist.)*

To me it's obvious, klar doch, und medizinische Tatsache, dass für den Körper bzw. für die Waage Verbrauch und Zufuhr ausgeglichen werden müssen. Man ist, was man isst. It's all about input and output. (*Die Waage, **scales**, ist eines von diesen eigenartigen englischen »Mehrzahlwörtern« wie scissors, trousers, glasses, jeans etc., i.e. my trousers are new. Das Wort scale* *bedeutet eine Skala und das ist was anderes, wir reden hier von scales, dem meistgefürchteten Haushaltsgerät, household equipment/device/tool*): Die mächtigsten Männer der Welt werden allein bei ihrem Anblick kreidebleich, they turn pale, even as white as chalk.

A quick pronunciation lesson here: Wie wäre es, wenn wir alle jetzt vor dem Spiegel stehen und die Aussprache von scissors üben? Daran erkennt man, wer Englisch beherrscht, ähnlich wie im 2. Weltkrieg, during the Second World War, als die Nazi-Agenten, die sich als Niederländer ausgegeben hatten, die Stadt »**Scheveningen**« aussprechen mussten, weil wirklich nur ein gebürtiger Dutchman dieses Wort richtig aussprechen kann. So ist es mit »scissors«. Wann hört das Wort eigentlich auf? Zischen Sie noch? However, I am digressing here, let‘s return to the subject, bevor ich wieder weit vom Thema abschweife.

Es gibt doch einen Weg zum Idealgewicht, der funktioniert, a way that really works. Ich habe über eine Amerikanerin gelesen, die so enorm dick war, dass sie im Kaufhaus in der Drehtür stecken geblieben ist. Just imagine being so enormously fat, that you **get stuck** in the revolving door of a department store. Wegen ihrer Körperfülle ging auch ihre Ehe kaputt, **her marriage broke up** for the simple reason that ihr Mann sie nicht mal mit der Beißzange anfassen wollte, idiomatisch: **he wouldn't touch her with a barge pole**. Er fand Trost – consolation – in den Armen einer Barbiepuppe. Surprise, surprise. Seine Frau probierte alles aus, um abzunehmen, aber nichts hat geholfen, she simply couldn't **get to grips with the problem**. Lovely expression here, isn't it? To get to grips with a problem, im Sinne von anpacken und bewältigen oder to get a grip on yourself (sich zusammenreißen). OK, ladies and gentlemen, let's get to grips with the real problem. Übrigens, haben Sie schon bemerkt, wie oft das bescheidene Wort »get« im Englischen vorkommt? Darum schreibe ich »get« oft *kursiv – italic* oder **fett – bold** oder in »inverted commas«. (*Um dieses Wort hervorzuheben, würde ich so gerne »get« immer groß, kursiv, fett, unterstrichen und in Anführungszeichen schreiben, aber irgendwann – you are on your own, you will see for yourself!*)

Sorry, I was **side-tracking** again ... in etwa, ich fahre auf einer Nebengleisstrecke, nützlicher Ausdruck, wenn man vom Thema abkommt, sogar absichtlich ablenkt, und eine akzeptable Alternative zu »digress«. Schweifen Sie nicht ab! **Keep to the point**! Don't get side-tracked. Hoffnungslos, W., ich kann es einfach nicht. You are wasting your time, I can't keep to the point, however hard I try. I am fascinated by words, bezaubert und immer wieder werde ich zu einem Nebenpfad geführt.

Diese dicke Dame ging in ihrer Verzweiflung zu ihrem Arzt, um Rat zu holen. She **got** the following advice: Don't eat anything with over 30% fat and keine Portionen, die größer sind als ein normaler Magen, also Faustgröße. Dann wird also so gerechnet:

Gramm Fett mal 9 (times 9) = Fettkalorien
Fettkalorien divided by Gesamtkalorien = X
X · 100 = % Fett

(für = ist gleich, sagt man einfach ***is*** *oder* ***equals****, one plus one is two, two plus two is four or you can say equals four)*

Unsere Frau steht in der Küche, in einer Hand die Tabelle mit Kalorien und Fettanteilen und jeder Menge (auch »a lot of«) Experimentierfreudigkeit und Mut zu strange concoctions, like the three witches in Macbeth. »When shall we three meet again, in thunder, lightning or in rain.« Die drei Hexen mischen ein fürchterliches Gebräu zusammen. The word »**concoction**«? Die Bedeutung ist Gebräu oder Mischung, meistens in Verbindung with »strange«, wenn irgendwas nicht sofort identifiziert werden kann. Aus irgendeinem Grund wird dieser Ausdruck »strange concoction« oft in Bezug auf die englische Küche verwendet! What is this for a concoction? Man sagt es oft und auch oft mit Recht, aber später bringe ich Ihnen den Beweis dafür, dass die englische Küche doch einige wunderbare Gerichte hat. Sie werden überrascht sein.

Die Drehtürfrau ging nach drei Monaten wieder zu ihrem Arzt und voilà!, sie hatte zehn Kilo abgenommen, ohne zu hungern, ohne sich zu kasteien and **even**, sogar, from time to time enjoying a glass of champagne which as far as I know, meines Wissens, does not contain any fat units. Thank goodness! Gott sei Dank. Nach diesem ersten Erfolg machte sie sich zu ihrem eigenen Versuchskaninchen und nein, nein, nein, this is NOT an »experimental rabbit«, sondern heißt auf Englisch schlicht »guinea pig« (Meerschweinchen), die auch das Schicksal von Laborkaninchen erleben. Man kann auch sagen »human guinea pig« und die Aussprache ist übrigens *ginni* wie Mini mit g wie Gipfel und nicht wie Gin.

Sie kochte und schrieb ihre Rezepte auf, sie nahm ab, sie kochte und schrieb weiter, sie nahm noch mehr ab. Nach Veröffentlichung ihres Buches kassierte sie

Millionen. She made millions when her book was published and now – unser Superstar ist schlank, reich, berühmt und glücklich wie noch nie. Da Barbie auf Dauer doch nichts taugte, schöne Hülle, Vakuum im Kopf (colloquial engl.: a real **airhead**), wollte der untreue Gatte, the unfaithful spouse [*spauss*], zu seiner erfolgreichen Frau zurück. Zu ihrem wunderbaren Ehemann hat sie mit Genuss »kiss my ass« gesagt. Goetz von Berlichingen auf Amerikanisch. A suitable farewell, ein passender Abschied.

Dann kam es zur Scheidung aus Gesundheitsgründen: She was sick of him! Schwer zu übersetzen, da es sich hier um Wortspielerei handelt. »Sick« ist normalerweise krank, aber der Ausdruck **to be sick of** someone or of something bedeutet die Schnauze voll haben. Wir können auch **fed up of** someone or something sagen, besonders, wenn es sich um so einen Kotzbrocken wie diesen Ehemann handelt! Ja, jetzt übersetzen wir brav »Kotzbrocken«, das Wort steht nämlich nicht im Duden. At least not in mine. Sorry, can't help you. Mit Ihrem wortwörtlichen »piece of vomit« [*vomm-itt*] liegen Sie ganz falsch, Denglish eben, aber wer weiß, vielleicht lässt sich so ein Ausdruck einführen, der wäre bestimmt beeindruckend in einer feinen Englisch sprechenden Gesellschaft.

I am **not fed up of you,** sweetheart, please don't ever think that, but it has been a long day and now I'm tired, so it's time for bed.

Good night.
Doosie

Es geht nichts über Wiederholung, there is nothing like repetition, besonders bei Fremdsprachen (und Sex). Don't be afraid to scribble (kritzeln) in your book. Why not, after all it is YOUR book and it is not sacred [*sseh-kröd*]. Aussprache bitte 2-silbig, with two syllables, so that you can really hear that this is a past participle. Just try saying it as one syllable, und Sie werden bald feststellen, dass es nicht geht. No, really, you bought this book with your own **hard-earned money** and it is entirely up to you what you do with it, es ist nicht heilig, auch wenn man von früh auf lernt, mit solchen Sachen sehr schonend umzugehen. **You have my permission** to write in the margins, to underline important words and expressions. After all, the whole point is to IMPROVE YOUR ENGLISH and I can't do it all for you, it's up to you! War das zu viel Englisch auf einmal? Macht nichts, never mind, we have to start somewhere ...

1) **Momentan, zurzeit** – ein schöner englischer Ausdruck wäre .... (Am I making this too easy for you? If not, go back and look for the answer yourself as it would seem you certainly need the repetition!)

2) **Opfern**. Das Wort kam vor in Verbindungen mit Suffragetten. Übrigens das Wort Opfer wird im Englischen unterschieden zwischen »sacrifice«, im Sinne von einer Opfergabe, und »victim« als Opfer einer Gewalttat.

3) **Bulge** as in »The Battle of the Bulge«, auch im Ausdruck bulging eyes (nicht so gut), aber bulging wallet (schon besser). Just note the word, please.

4) **Pause machen**, was sagt man ganz normal? Denken Sie bitte an Kit-Kat-Werbung. Ja richtig, und diesmal nicht so schwierig, »take a break« oder »have a break«.

5) **Rezept**: 1) Kochrezept = recipe [*ress-sipp-pii*], Stolperstein hier, a stumbling block, aber wirklich mit drei Silben ausgesprochen. 2) Ein Rezept vom Arzt ist ganz anders und heißt prescription. (»Script« hört man heute auch immer öfter dafür, eine Kurzform geht immer, aber nur wenn sie eindeutig ist und nicht mit einem Drehbuch verwechselt werden kann!)

6) Just one word here: unterschätzt ....

7) **Quarrels and Scrabble**: The word quarrels once won me hundreds of points in Scrabble because the q is always difficult to place on the Scrabble board as first of all, you also **have to have** the letter u and you have only about 100 words to choose from which begin with qu and even fewer, with qu in the middle of the word such as equality or squat [*skwott*]. Quizzes (> Neudeutsch) ist noch besser für Scrabble points, if you also hold **a blank** as in English Scrabble there is only one **z**. Sie brauchen also den Stein, wo nichts drauf ist. Why not invest in an English Scrabble? It's much easier in English than in German! The best letter is »S« as with it you can make plural words from 99% of English words and also make third person singular verbs out of infinitives. Aus der Grundform play wird

plays und dann legt man die Steine gleichzeitig in die andere Richtung, um ein zusätzliches Wort zu bilden. Try it! Ich kann es wirklich empfehlen.

(The answer to 6 is underestimated.)

3

Beauty is in the eye of the beholder

Keiner kann behaupten, dass das Leben fair ist, life is unfair, but that's OK, because everyone knows it, aber darf ein Mann wirklich wie ein vietnamesisches Hängebauchschwein (Sus ventripendens vietnamiensis) aussehen? I remember one of your letters when you wrote that »a good f..k is purely an intellectual affair«. Absolutely right, my dear, and it works both ways. »**It works both ways**« is a very simple, means ein einfaches Mittel, of expressing the idea »es beruht auf Gegenseitigkeit«, wobei man die Übersetzung im Wörterbuch glatt vergessen sollte, da ich nie im Leben einen Engländer sagen hörte »on a basis of reciprocity«, wie es im Wörterbuch steht. You can also say here: **the feeling is mutual**. Könnte es sein, dass »es« oft nicht funktioniert, weil es oft nicht funkt und nicht nur die Frauen dumm sind?

Schönheit lässt sich nicht qualitativ einordnen. Der Wunsch, schön zu sein, was es auch immer gerade bedeuten mag, ist so alt wie die Menschheit, is as old as humanity. Machen wir einen kleinen Spaziergang, let's take a little stroll (langes »ō« wie in bread rōll or barge pōle) (*remember barge pole? The full expression, please, or you must return to the story of the revolving door lady versus the Barbie doll*), ja, schlendern wir durch die Jahrhunderte. Wir wissen nicht, was die Steinzeitfrau angezogen hat, what she wore, was sie alles getan hat, um besser auszusehen, um attraktiver zu sein, welche Kieselsteine, pebbles [*pebb-ls*], sie für den Neujahrslook gesammelt hat und wie viel der Couturier Karlus Lagerfeldus von Mrs. Stone Age Woman für den Entwurf (neudeutsch: Design) und die Ausführung des Outfits verlangt hat. Selbstverständlich war der Entwurf nicht vom großen Mann persönlich, sondern von seinem Chief Designer Dino Saurius. Was wir aber wissen, what we DO know (*mit Betonung bitte auf do)*, das ist der Schönheitskult des alten Orients, der alten Ägypter, the ancient Egyptians, des antiken Griechenlands, the Greece of antiquity, und der nicht wegzudenkenden Römer (nicht wegzudenken? Muss ich wohl umschreiben, the beauty cult ... unthinkable without the Romans o.Ä.).

At this point it seems appropriate to squeeze in a little Hinweis in Bezug auf »umschreiben« und auf zusammengesetzte Wörter im Deutschen, die man ins Englische selten wortwörtlich übersetzen, sondern nur einigermaßen umschreiben oder erklären kann. Macht nichts! Don't worry about it, **where there's a will there's a way**. Ihnen fällt schon etwas ein! Ich rede hier natürlich nicht von einfachen oder technischen Dingen wie z.B Handtasche – handbag oder Innensechskantschlüssel (hexagon socket screw key, technisch aber auch Allen key genannt) oder sogar Bildschirmarbeitsplatzanalyse – monitor work station analysis, sondern von mehr abstrakten Begriffen, for example Geisterfahrer, Spendenfreudigkeit, Streicheleinheiten, Vorfälligkeitsentschädigung oder gewerksübergreifender Leistungsbündelung! Wie sage ich auf englisch z.B. Lebensabschnittsgefährte? Oder Existenzgründerinnen? I shall have to give some thought to these and if I **come up with**, if I think of an English version by the end of the chapter I will let you know.

If not, well, **do your very best**!

Now back to the Romans. Die Römer waren überall, they were everywhere, ob sie erwünscht waren oder nicht, meistens nicht. In fact, returning to Latin roots, Wurzeln (alle Wege führen nach Rom), you might even say ubiquitous [*ju-**bikk**-witt-öss*] in the sense that they were everywhere, allgegenwärtig, überall zu finden, or at least in many places at the same time.

As for the Greeks, jeder weiß auch, dass die Erfindung der Olympiade von den Griechen nicht nur veranstaltet wurde, um den Körper zu stählen, um sich zu zeigen. This was one of the reasons, another of course, as always, wie auch heute, war Geldmacherei, it was a money-making event. Das idealisierte Märchen über die antike Olympiade entspricht nicht der Wahrheit, at least not **the whole truth**.

Kleopatras Eselsmilchbad ist auch eine Schönheitsanwendung, die uns überliefert wurde, aber heutzutage leider nicht praktikabel ist. Cleopatra bathed (please note: *beeeeeehthd*, nicht *bæthd*, nicht *bahthd)* in asses' milk, but nowadays this is **rather** (ziemlich) impractical, damit meine ich z.B., dass das Fahren auf der Autobahn mit dem Esel im Schlepptau etwas schwierig wird, denn wie wir wissen, sind auf der Autobahn heutzutage bereits genug (zweibeinige) Esel unterwegs! (Heute würden wir »Esel« in der Regel mit **donkey** übersetzen – voilà, wie versprochen, die Erklärung für ass – da das Wort **ass** über die Jahre eine spezifische Bedeutung erhalten hat und unter Nichtmuttersprachlern oft zu Missverständnissen führen kann. »You silly ass!« war bis vor einigen Jahren eigentlich gar nicht so schlimm, aber schleichender amerikanischer Einfluss macht diesen Ausruf im besten Fall lächerlich und im schlimmsten Fall vulgär. Was meint sie damit, fragen Sie sich? Im Prinzip: Der Körperteil, auf dem wir sitzen, hat nun Vorrang und das »dumme« Tier hat man mittlerweile vergessen. Yes, of course I'm talking about the English arse [*ahrss*] (to be avoided) bum/bottom/backside (all moderate and acceptable alternatives) and the American ass/butt/fanny (*und noch komplizierter, please don't ever say fanny to the British-English, because for them this word fanny relates to a female-only part of the anatomy*).

OK, we can forget the asses' milk, how about a mud bath? Schlammbäder, Fango, Meerwasserbäder, Salzwasserbäder, Wechselbäder? Take your choice. When in Bad Wörishofen we can go and tread [*tredd*] water as Kneipp wished us to. Bringt das was? It's all in the mind, in other words, if you think that this is the answer for you, then it probably is. »A little bit of what you fancy does you good«, sagen die Briten, wenn sie sich was gönnen. Sehr umständlich in der Übersetzung (ein bisschen davon, woran man Gefallen findet?), also vielleicht könnte man das so verstehen: »Man gönnt sich sonst nichts.« A few more examples of fancy: **I fancy a pizza,** ich habe Appetit auf eine Pizza. He **fancies** himself, er kommt sich wichtig vor, er hält sich für schön.

At this point, after all this talk about baths (Wiederholung: bath [*bæth*], das Bad, wird kurz, und bathe [*beehth*] die Tätigkeit, lang ausgesprochen), fällt es mir ein, mein Liebling, **I fancy** a bath right now. How about you, kommen Sie mit? Shall we take a bath together? Nach einem anstrengenden Tag möchte ich alle viere von mir strecken. Schuhe runter, Kleider auch. Wie in der TV-Werbung, in the television **commercials**. Stellen Sie uns bitte je ein Glas Champagner auf den Badewannenrand (at the side of the bath is okay). Zum Entspannen, zum Träumen. Let's relax and dream our dreams. You can be the tenor to my soprano. Darf ich Ihren Rücken einseifen?

*

Good morning, darling,
Gut geschlafen? Did you sleep **well**?
Sie duften noch immer nach meinem Rosenöl von gestern. (Splish, splash, I was taking a bath.) **Taking a shower** (or having a shower) is a refreshing and practical way to start the day, **taking a bath** (or having a bath) is a relaxing and enjoyable way to end it, don't you agree?

Im alten Ägypten wurden schon Namen gegeben, die mit der Schönheit einer Frau zu tun hatten, wie z.B. Nofretete bedeutet »die Schöne ist gekommen« und die Lieblingsfrau, the favourite wife, des großen Ramses II., des größten Eroberers und Feldherrn im 13. Jahrhundert vor Christus (BC steht für **B**efore **C**hrist), die Nefertari hieß, auf Deutsch »die Schönste aller Schönen«. Sie war Nubierin, eine besonders schöne Rasse, groß und schlank mit langen Gliedern, tall and slim with long limbs, und ebenmäßigem Gesicht, sagt man, und das sieht man doch auch in der Wandmalerei und an Skulpturen etc., wo keine Dickerchen abgebildet wurden. Oder vielleicht hat Ramses sie einfach nur so geliebt, wegen ihrer inneren Schönheit, meine ich. Hhmmm, maybe.

Betrachten wir als Beispiel die Bemühungen einer altägyptischen Königin, sich mit Kriegsbemalung zu schmücken, wortwörtlich **warpaint**. (The expression wearing or putting on the »warpaint«, derived from the custom of North American Indians, is used colloquially to describe sich zu schminken, sich herauszuputzen, »getting dressed up in one's best clothes and finery«.) Wie ich damals im Geschichtsunterricht, in my history lesson, verstanden habe, hat sich die Königin blonde und rote Perücken aus den Haaren germanischer und anderer nordischer Sklaven machen lassen (was heißt Perücke auf Englisch? Ganz einfach **wig** als verkürzte Form vom Originalwort »periwig«). It's very strange, isn't it, that people with dark hair often wish to have blonde hair, people with curly hair **long for** (sich sehnen nach) straight hair and **vice versa**, tall people wish they were shorter, short people want to be taller, and so on. Nur in einer Sache sind wir uns alle einig: Wir wollen alle schlank sein! (Möglichst ohne Anstrengung und mit Genuss, versteht sich.)

Ihre Bemühungen, her efforts, jedoch waren harmlos gegen das, was andere Pyramidenliebhaber, die Mayas, mit ihren Kindern veranstaltet haben, um einem asiatisch aussehenden, also flachen und breiten Gesicht einen Hauch von »Intelligenz«, an intellectual touch, zu verleihen. Laut einer netten Reiseführerin während einer Mexiko- und Südamerika-Rundreise, the nice lady **tour guide** told us: »Die Schädel der Säuglinge wurden zwischen zwei Steine gelegt und so lange Druck ausgeübt, bis sie oval in die Länge gepresst waren.« As if that was not enough, pressing the baby's skull between two stones to form it into a nice long oval shape; sie haben auch das Spielzeug, toy, so lange ganz nah vor die Augen ihrer lieben Kleinen gehängt, bis das Kind schielte und damit den gewünschten intelligenten Blick bekommen hat. Schielen is **to squint,** but most people would call this look

cross-eyed, which is more accurate, when you think about it.

Wen interessierte damals, in those days, ob sie ein Leben lang gesundheitliche Schäden zurückbehalten? Nobody was interested in the permanent damage for life (*ohne Artikel*), weil das Kind jetzt schön war bzw. »intellektuell« aussah. Die Eltern strahlten vor Glück, they radiated happiness of course (*in English parents, one parent, both parents, but no »parts of parents«, please, für Elternteile!*). Schade um die Kinder, what a pity, that in those days, dass es damals keine Brille ohne Dioptrien gab, a pair of glasses with normal glass, die man auf die Nase setzen konnte, um den erwünschten brainy look zu erreichen. Harry Potter ist mit Brille abgebildet. Is he really short-sighted or do we still think, einige Jahre später glauben wir immer noch, **a pair of glasses** (ja, ja, Ihr **spectacles** aus dem Lehrbuch gilt noch) means brains, ist ein Zeichen von Intelligenz? Hhmm! Und was ist dann mit contact lenses? Sind die Träger intelligent oder nicht?

Geradezu barbarisch waren auch die alten chinesischen Verfahren, wobei kleine Mädchen systematisch zu »feinen Damen« verkrüppelt wurden. Busen waren »out«, je flacher, umso besser, the flatter the better, und um das Wachstum zu verhindern, wurden sie abgebunden. Genauso wie die Füßchen der 4- bis 5-jährigen Mädchen, welche maximal 9 cm lang sein durften. Here too, the young girls were systematically crippled. Foot mutilation **in the name of** beauty. Their little feet wurden mit Baumwollbändern, 1,5 cm breit, 2 m lang, abgebunden, die Tag für Tag fester zugezogen wurden. Die Chinesen bezeichneten diesen Lebensabschnitt als die »Fass-voll-Tränen-Zeit«. I can well understand why the poor little girls cried a barrel of tears [*tii-ös*]. The cotton strips were pulled tighter day by day, the toes bound under the foot until the bones were broken. Unerträgliche Schmerzen, unbearable pain. Beim Heiratsantrag fragten die Männer als Allererstes nach der Fußgröße, nicht nach der Mitgift, the dowry. These »Lotus feet« practically immobilized a woman, but at the same time were considered, were deemed to be, galten als, extremely erotic. No comment. Except perhaps to add, hinzuzufügen, that this Chinese custom was banned in 1911 (sprich: nineteen eleven). Man bedenke, erst im 20. Jahrhundert, **not until** the 20th century, wurden solche Gräueltaten verboten. (Nice word for you here and very British: Gräueltaten – atrocities [*ætt-**ross**-itt-iis*], short o, Eigenschaftswort atrocious [*ætt-**rō**-schöss*], long o, just to make life more difficult for the poor non-native English speaker.)

Aber wenn wir wirklich ehrlich sind (and we are honest, aren't we, dear? Good, because »**honesty is the best policy**«), the practice of deforming the feet in the name of beauty is still with us. Just think of all those shoes with pointed toes and high heels, usually bought a size too small, and I am sure there is at least one pair in just about every woman's wardrobe, mindestens ein Paar im Kleiderschrank von jeder Frau in the Western world! Um erotischer zu wirken, quetschen wir Frauen immer noch unsere großen Füße in zu kleine Schuhe, vorne zu spitz und mit unmöglich hohen Absätzen. Wen kümmern Hühneraugen, who cares about corns, back pain and strained leg muscles? After all, Fußpflegerinnen, pedicurists and chiropodists and Orthopäden, orthopaedists, müssen ja auch Geld verdienen.

Soll ich Ihnen Ihre Pantoffel bringen, Schätzchen? Yes, I'll bring you your slippers, darling. Wir sind allein, wir können unseren Weißwein trinken, or maybe a glass of red wine, und dieses wunderbare Buch von Oriana Fallaci weiterlesen, wo das alles drinsteht. Gott sei Dank, leben wir nicht in dieser Zeit. Oh, and that reminds me, for ages I have also been meaning to read *Memoirs of a Geisha* by Arthur Golden. Nochmal, **I have been meaning to ...** hier »mean« im Sinne von »intend« – I have been intending to read geht natürlich auch, aber I have been meaning to read ist eben englischer! I love having a new book to look forward to, don't you? Isn't it lovely to **settle down to** a good read [*riid*]? One of the pleasures of life.

From one extreme to the other, from tiny feet to enormous shoes – die Plateauschuhe der letzten Jahre, welche u.a. von Madonna und Elton John getragen wurden, haben auch einige schwere Unfälle verursacht. Diese sind aber wirklich »niedrig« im Vergleich zu Schuhen in Venedig, in comparison to shoes in Venice, um ca. 1600. Die vermögenden – wealthy Venezianer wollten etwa einen halben Meter größer als das gemeine Volk sein, brauchten aber dafür zwei Diener, die Ihnen halfen, das Gleichgewicht zu halten, to help them keep their balance. As the lower classes began to wear platform shoes, the elite **stopped wearing** them.

It's grammar time! Ein kleiner Hinweis in Bezug auf bestimmte Zeitwörter mit -ing, u.a. **stop** doing it, **enjoy** doing it, **risk** doing it, **regret** doing it, **suggest** doing it, **consider** doing it, **finish** doing it, **imagine** doing it, **deny** doing it, to name but a few, aber das genügt hier. Auf der anderen Seite jedoch ist es vielleicht doch Zeit, dass Sie etwas mehr mitmachen. Yes, I mean you, don't just continue to read, that's too passive, now it's time to think … I often used to listen to the radio, früher habe ich oft AFN gehört. The American Forces Network sendete täglich something like this: »Learn to build your own phrases«. Also jetzt sind Sie dran, aktiv lesen, es geht so: stop talking, enjoy reading and now it's your turn to think of an example and **say it out loud**. The other people in your train compartment or sitting next to you in the plane won't mind:

risk .... regret ....
suggest .... consider ....
imagine .... deny .... etc.

OK, well done, you can **stop thinking** now and return to reading: I was talking about ideas of what is beautiful. On second thoughts [*thohrtss*] (sehr nützlicher Ausdruck, wenn man sich etwas anders überlegt, die Meinung ändert), **on second thoughts**, maybe that was enough for today, do you think so? Hard work, was it? Well, we are not in a hurry, so it's alright with me if you put the book down now, put your feet up and **take it easy**. Die Arbeit läuft Ihnen nicht davon.

*

Hello again, It's time for part II of my story about changing tastes …

Die übergewichtigen Frauen des Barocks inklusive Rubens' (1577–1640) junger Ehefrau Helene Fourment, welche heute ohne weiteres die Präsidentschaft eines Clubs »Wir sind rund, na und« übernehmen könnte, aber damals auf der Straße sich keine unhöflichen Bemerkungen über ihren Umfang gefallen lassen musste, da sie als eine der Schönsten zu dieser Zeit galt. Der weltgewandte (versed in the ways of the world – he was Flemish and active both at home and in Italy, France, Spain and England), wohlhabende (**prosperous, well-off** oder auch wie oben für vermögend, **wealthy**) und sehr attraktive Maler hätte sicherlich keine »Unhübsche« gewählt. Der Altersunterschied zwischen den beiden war sehr groß – a classical pair – sie war Teenager, er war über 50. Ähnlichkeit mit uns, my dear W.? What age difference? How often do we **hear of** a young man of 20 who **falls in love with** a 50+ year-old grandmother? Ich hoffe, dass ich nach wie vor für Sie als die Schönste gelte, auch wenn ich im Vergleich zu Mrs. Rubens ein Gerippe bin, but only in comparison with Mrs. Rubens, as normally I would not describe myself as »all skin and bones«.

Der Name Rubens ist der Inbegriff für die üppige weibliche Schönheit. His models are synonyms for certain characteristics, »Rubenesque« ladies, wellrounded, gut gerundet, plump, mollig (plump [*plammp*], diesmal sprechen wir doch p aus), overweight – übergewichtig, whatever you wish to call them, in fact according to Roget's Thesaurus of English Words and Phrases »one of the great reference books of all time« (once you **start looking** through it, you just can't stop!). (*Another example of verb + ing, but I really must* ***stop pointing*** *these out to you now as there are just too many to mention, but I think you get the point. Wenn Sie jetzt den Faden verloren haben, müssen Sie diesen Absatz nochmals von vorne anfangen, wenn Sie aber keine Lust dazu haben, helfe ich Ihnen, es geht um Thesaurus.*) Diese Art von Buch ist unentbehrlich für die englische Sprache, aber scheint in anderen Sprachen nicht zu existieren, auf jeden Fall nicht in diesem Ausmaß, höchstens als eine Sammlung von Synonymen. »The unique value of Roget's Thesaurus is to help writers or speakers clarify and shape an idea which they wish to convey (übermitteln) and which is difficult to capture (fassen), or to express clearly. The thesaurus helps users to improve their command of English usage and to develop their ability to communicate precisely and appropriately.«

Ist das nicht ein kleiner Trost für uns alle, die Muttersprachler brauchen auch Hilfe, um genau das richtige Wort, den passenden Ausdruck aus den vielen, vielen Möglichkeiten zu finden. In Roget's Thesaurus zum Thema Körperfülle, you can take your choice of about 60 adipositas adjectives ranging from the kind (freundlich) to the not so kind and including: fat (dick, fett), obese (fettleibig), well-upholstered (gut gepolstert), chubby (pausbackig, insbesondere Kinder), pudgy oder podgy [-*dji*-] (kurz und dick, untersetzt), roly-poly (rundlich, vermutlich nach dem gleichnamigen mit Marmelade gefüllten Nachtisch »Jam Roly-Poly«), buxom (laut Wörterbuch gesundheitsstrotzend. Ich verstehe das Wort als vollbusig, da ich es immer nur in Verbindung mit einer Frau gehört habe, niemals um einen Mann zu beschreiben), pot-bellied (männlich, bierbäuchig), stout [– *au* –] (untersetzt), portly (auch überwiegend männlich: wohlbeleibt) and corpulent.

Moving on, im neunzehnten Jahrhundert galt Kaiserin Elisabeth von Österreich, genannt Sissy, als eine der schönsten Frauen. Ein türkischer Sultan wollte sie ihrem Ehemann abkaufen und konnte nicht verstehen, wieso der streng katholische Kaiser Franz-Joseph von Österreich nicht zustimmte. He did not **consent**. Der

Sultan kam wohl nicht auf die Idee, dass man eine Frau nicht nur besitzen, sondern auch lieben kann. Wir dürfen Sissy auch als eine der ersten prominenten magersüchtigen Frauen betrachten. Anorexia in the 19th century meant in this case 174 cm groß und 48 kg schwer, sie stillte ihren Hunger angeblich mit Veilchenblättern, malträtierte (an easy word this, maltreat or, if you can't recall it when you need it, just say to **treat badly**) ihren Körper, wo es nur ging, und ließ sich ihre Taille auf 50 cm zusammenschnüren, sogar beim Reiten. Ouch! [*autsch*].

Nach dem Zweiten Weltkrieg züchtete die amerikanische Filmindustrie eine Generation von Movie-Stars. Die üppige Oberweite war wieder in. Von der oben genannten Liste nehmen wir vielleicht »buxom«, im Sinne von »Holz vor der Hütte« (buxom wenches wurden von meinem Kollegen und altem Freund William S. sehr geliebt), lauter erotische Verführerinnen, legendäre Dekolletés! Busenwunder weit und breit bis in die Sechziger. In the 60's, when Mary Quandt introduced the mini skirt, ging der Blick schlagartig nach unten. Aus Melonen wurden Spiegeleier (please refer to the revision pages at the end of this chapter für einen wichtigen Hinweis auf Spiegeleier). Wer schaute denn Twiggys Busen an? Kein Wunder, dass die Frauen irgendwann mal die Schnauze voll hatten und die Zeit der Emanzen gekommen war. Alice Schwarzer rules, OK.

Seit Jahrhunderten streiten sich die Geister auch über das Thema kluger Kopf gegen dumme Blondine. Aha, jetzt ist der Weg offen für Blondinenwitze. So here it is, my favourite (*fav**ou**rite is British, of course, fav**o**rite is American*) joke about a »dumb blonde« and in English of course, because it is very easy to understand. Die Aussprache von *dumb* ist übrigens ähnlich wie im Deutschen, vielleicht etwas heller, zwischen dumm und damm, aber auf jeden Fall gilt: **b nach m wird nicht ausgesprochen**. Andere Beispiele sind comb, [kōm]; climb [kleim]; plumb [plamm].

»There are 3 blondes who are granted a wish by a fairy. Jede hatte einen Wunsch bei einer Fee frei. The first blonde says: »My wish is to have **even blonder** (noch blonder) hair than I have now.« Swoooosh, the magic wand (Zauberstab) is waved, and the blonde is now… **even blonder**. The second blonde says: »My wish is to have eyes **even bluer** than they are now.« Swoooosh, the magic wand is waved, and the blonde has now ... **even bluer** eyes. The third blonde says: »My wish is to be **even dumber** (noch dümmer) than I am now.« Swoooosh, the magic wand is waved, and the blonde ... is transformed into a man!

Sorry about that, W., but it always makes me laugh! I did warn you at the beginning of the book that I shall take every opportunity, ich lasse keine Gelegenheit aus, to get my revenge! Schauen Sie mich nicht so an – **stop looking at** me like that.

But to return to Alice Schwarzer ... eine kluge Frau und Recht hat sie in vieler Hinsicht. Wenn Sie mich fragen, die Klugheit einer Frau wird auch von einem Mann bewundert und akzeptiert, solange sie ihm im Verborgenen dient. Renate Schmidt, bayerische Politikerin, had the following to say on the subject: »Kluge Frauen haben Millionen Feinde: die dummen Männer.« I wonder if she really did say that? It had of course been said before, in other words; she didn't **say it first** and she was quoting Marie von Ebner-Eschenbach (österr. Schriftstellerin, 1830–1916), who **actually** said: »Eine gescheite Frau hat Millionen geborener Feinde: alle dummen Männer«, according to my Internet search (*Die Worte der Welt:* über 30.000 Zitate von 4.240 Autoren zu 9.250 Themen – quotations **by** authors **on** subjects – *verflixte Präpositionen*!). On the other hand there is a very famous saying, which is more or less the same in many languages: »Behind every successful man there is a woman.« Well, this may be true or it may be not. It was certainly true for Mileva Marić-Einstein, Katia Mann, Klara Wieck-Schumann, Sofia Andrejewna Tolstoya u.a. ...

If we take the example of three famous Bills: Bill Clinton certainly had the support throughout his political career of First Lady Hillary, der berühmtesten aller betrogenen Ehefrauen der Welt. **It remains to be seen**, whether she will still support him now that he is no longer Mr. President and she is a US Senator. Warten wir es ab, let‘s wait and see, ob wahre Liebe oder gegenseitige Ausnutzung, mutual exploitation? Ich schätze, diese Power-Frau hat jetzt das erreicht, was sie wollte, und dass sie ihr Leben sehr gut ohne ihren sexbesessenen »horny« bzw. »randy« Gatten weiterführen kann. Jetzt haben wir sowieso einen anderen »most powerful man in the world«, Mr. President, George Walker Bush. Please note the famous middle initial **W**, George W. Bush. It is actually often written in American newspapers, mit Bezug auf den texanischen Akzent, as George Dubya Bush. Unlike you, my dear Doubleyou, his doubleyou is pronounced [»***dubb***-*jö*«].

As for Bill Shakespeare, he had **something going with**, er hatte was mit Anne Hathaway, but just how much influence did she have on his literary output? Immerhin hat er 37 Werke geschrieben. (*Bitte »output« merken, als gute Übersetzung hier im Sinne von Leistung, auch die Übersetzung für Ausgaben sowie Ausgang in Computer-Speak.*) Hardly surprising since Anne was the little woman **stuck at home** in Stratford-upon-Avon, **looking after the kids** whilst our Bill was **living it up**, living the good life at the Globe Theatre in London, surrounded by buxom wenches. Bill Gates? No little woman on the scene there. Yes, I know he's married, but she seems to be just the »**token wife**«, sowas wie eine Quotenfrau, so that he can be seen to lead a normal life? There is nothing wrong with that. (Mir fällt hier auf, dass in den letzten Zeilen ziemlich viele Fragen stehen. Ich habe nie behauptet, alle Antworten zu kennen. No, really, I have never claimed to have all the answers. Ich hoffe, Sie sehen es nicht zu eng.) Heinrich Heine had a nice little woman like that, too. I remember once reading a sweet little story about her. Heine ging freiwillig in die Emigration und lebte in Paris. Er fand dort Anerkennung und privates Glück. Seine Frau Mathilde war Französin, eine einfache Frau, absolut ungebildet. Sie konnte kein Deutsch, außer den beiden Wörtern »Meine Frau«, womit ihr Ehemann sie immer vorstellte. Sie nannte sich also auch »meine Frau«. Sie las nie in seinen Versen und fand es »interessant« zu erfahren, dass ihr Mann ein großer Dichter sei! Heine liebte sie umso mehr und erzählte stolz, dass seine Frau ihn nicht wegen seiner Berühmtheit liebe, sondern ausschließlich wegen seines unwiderstehlichen Charmes.

Sie schauen immer noch so grimmig, my dear friend. Sie haben doch Humor, oder? You don't **need to** look so grim. Live for the moment! (Live, of course, ist ein Befehl and therefore kurz ausgesprochen hier, nicht *ai wie my,* sondern *i wie bitte.*)

What a pity too, that there wasn't a Mrs. Hitler. (A real Mrs. Hitler, not just his **bit on the side**.) Just think how different things would have been: »Adolf, hör jetzt auf mit dem Unsinn und räum' doch deine Weltkarten weg, clear away or put away your world maps. Dein Essen steht auf dem Tisch. Nachher musst du den Müll hinaustragen, take out the garbage, und die Kinder ins Bett bringen. Deinen Polenfeldzug kannst du vergessen. Hast du nichts Besseres im Kopf?« Just a thought.

And while we are changing the course of history, here is another case study in influence, eine Fallstudie zum Thema Einfluss:

Let's write our own version of history or »**her**story«, if you like! Es handelt sich um Sokrates, der nur dank seiner Ehefrau Xanthippe, dem Synonym für streitsüchtige Ehefrauen, Philosoph geworden ist. Auch so eine Frau bringt ihren Mann weiter, diesmal indem sie ihn mit der ewigen Zankerei aus dem Haus trieb. Und zwar so ... (frei erfunden!)

Socrates, born approx. 470 BC, was the son of a midwife (Hebamme) and a sculptor. He took after his dad, er schlug also nach seinem Papa, oder »Der Apfel fällt nicht weit vom Stamm«, »**Like father, like son**«. So he also spent his early days happily chipping away at a block of stone, »a chip off the old block« könnte man auch zum Thema »like father like son« sagen, hier auf jeden Fall eine geeignete Metapher. (*Bitte* ***off*** *the old block merken, nicht* ***of*** *the old block.*) Wahrscheinlich war er deswegen so glücklich, weil die Statuen nicht sprechen, also keine dummen Fragen stellen konnten. Er konnte den ganzen Tag vor sich hin hämmern und hatte seine Ruhe. Als Künstler aber verdiente er nicht viel und seine Ehefrau war nicht sehr glücklich. Nach getaner Arbeit kam sie ihm mit der Frage entgegen: »Erzähl mal, was war heute los in der Werkstatt?« Müde von der Arbeit, aber trotzdem zufrieden, erwiderte er nur knapp: »Not a lot«. Seine Frau, hungrig auf Neuigkeiten, schrie ihn verärgert an: »Beim Zeus, du weißt nie was!« und ließ ihn dann in Ruhe. Aha, dachte er, wenn ich nichts weiß, dann weiß ich eben nichts, außer dass ich weiß, dass ich nichts weiß. Mit diesem Gedanken und nach dem Prinzip cogito ergo sum (no, he didn't say that exactly – verdammt, ich habe mich um einige Jahre vergaloppiert – he only thought [*thoht*] it, and we had to wait a lot later until Descartes (1596–1650) actually put the principle into words). (*The princip***le** *ist natürlich das Prinzip, der Grundsatz oder der Grundgedanke; nicht zu verwechseln mit the princip***al** *– gleiche Aussprache, aber andere Schreibweise, zwei Wörter, die nicht nur »Ausländer«, sondern auch die Briten selbst garantiert in Verwirrung bringen. The principal kann in einem Vertrag der Auftraggeber, in einer Hochschule der Rektor, im Theater der Hauptdarsteller sein.*)

Where were we? Oh yes, Sokrates – er wechselte seinen Beruf, bevor es zum **burn-out** syndrome oder zur **midlife crisis** kam und wurde Philosoph! Geld hat er damit nicht verdient, und seine Frau Xanthippe schimpfte weiter. Er nahm nichts von seinen Schülern, schrieb nicht mal seine Gedanken nieder, sondern ließ sie u.a. von seinem Schüler Platon (Plato [***pleht***-*ō*] in English) für die Nachwelt verewigen. Seine Schüler wurden zu seinen Gesprächspartnern und er konnte das Leben mit seiner launischen, zänkischen Ehefrau aushalten. So gingen einige Jahre vorbei, bis es Sokrates einfiel, aus übertriebener Selbsteinschätzung, an exaggerated sense of his own importance, nun seine Nase auch noch in die Politik zu stecken. Er kritisierte das damalige System und machte sich sogar auch über seinen Richter bei der Gerichtsverhandlung lustig. Dafür wurde er zum Tode verurteilt. He was put on trial and sentenced to death.

But let‘s be serious again. Our subject is beauty. Stendhal wrote that »Schönheit ist ein Versprechen auf Glück«. Shakespeare (der schon wieder, **him again**!) soll gesagt haben, wenn Kleopatra (die schon wieder, **her again**!) eine 2 cm längere Nase gehabt hätte, wäre die Geschichte im alten Rom und Ägypten anders verlaufen. Oder war es Pascal, der gesagt haben soll: »Wenn Kleopatra eine 2 cm kürzere Nase gehabt hätte, ... etc.? Egal eigentlich, it doesn't really matter, Hauptsache, weil das so ein schöner Konditionalsatz ist, wollen wir zur Übung diese Konditionalformen hätte/wäre auch übersetzen: Keine Angst, **it‘s easy when you know how!** »If Cleopatra's nose **had been** 2 cm shorter, then the history of Ancient Rome and in Egypt **would have been** different. *Past perfect im if-Teil, would + present perfect im 2. Teil.* Sehr schwierig in practice, auch wenn es auf dem Papier sehr logisch ist. Sie sind aber aus dem Alter ‘raus, in dem man Lückenübungen machen muss, Sie stehen jetzt Ihrem ausländischen Geschäftspartner gegenüber und müssen ihm sagen, was Sie gemacht hätten, wenn die Lage nicht so gewesen wäre ...? Es bleibt nichts übrig, als einige Beispiele auswendig – by heart – zu lernen und alle anderen anzupassen. Alle Versuche, den Satz zuerst im Deutschen auszudenken und danach ins Englische zu übersetzen, werden scheitern, glauben Sie mir!

I would have done it, I would have/sold the company/bought out the business/invested in stocks/dismissed the manager/increased production capacity etc. etc. ...

If I had known/if the price had been right/**if he had said** that to me/**if we had had** the funds available etc. etc. ...

Das reicht vorerst, die anderen Möglichkeiten, wie z.B. würde oder auf Bayerisch-Schwäbisch »tääte« (täätscht du mir a Bier hole, Spatzl?), werden wir später üben, sonst ist es zu viel auf einmal. In the words of the Ukrainian Philosopher Nikotinko Petsenje (wie war das, Sie haben nie von ihm gehört? Sie sollten sich schämen – **you should be ashamed of yourself**), der diesen Vergleich bringt: »Eine hässliche Frau, an ugly woman, ist unnützer als ein hinkendes Pferd, a lame horse.« Böse, was? That was **a mean thing** to say. Wäre Eva nicht so schön gewesen, hätte sie Adam mit dem Apfel nicht verführen können und wir hätten uns das ganze Schlamassel ersparen können, das wir heute noch ausbaden. Weitere Übungen der Konditionalform: If Eve **had not been** so beautiful, she **would not have been** able to seduce Adam with the apple and we **would have saved** ourselves all the trouble (oder vielleicht auch, maybe even »the whole caboodle« in der Umgangssprache. How‘s that for a nice colloquial expression?). And since we are on the subject of Adam and Eve, are we all quite clear that at the very first chance Adam had, he **put all the blame on** Eve?

(Nancy Astor, 1879–1964: »... das erste Mal, als Adam eine Chance hatte, er alle Schuld der Frau zuschob.« *Zitat aus »Starke Frauen«, arsEdition, München 1996)*

Sie finden es anstrengend? Sie verstehen nicht, wozu diese langen, komplizierten Sätze? Oder gefällt Ihnen das Thema nicht, too many woulds, coulds, shoulds and had hads? OK, na schön, hören wir damit für heute auf. There are going to be no miracles today. Morgen ist ja auch ein Tag. **Tomorrow is another day**.

*

Heute ist ein schöner Tag und with my personal guarantee – ein Tag mit weniger Grammatik! Just a few little anecdotes from the distant past. Once upon a time ...

Es war einmal ein Tyrann in Kopropolis, **once upon a time** in Kopropolis there was a tyrant, der alle schönen Frauen im Gefängnis einsperren ließ, um die allgemeine Verwirrung unter den Männern, die sie verursachten, zu beenden. Is this really a good reason to be locked up in prison? In dem Fall hatten die Männer Angst vor der Schönheit. Ich frage mich, warum? **I wonder why**. Ob eine Frau klug sein soll? Diesbezüglich habe ich schon vieles gehört. Nehmen wir nun das Beispiel von Aspasia, der Frau von Perikles, einer so genannten, a so-called »Hetera«, a courtesan, sowas wie eine Gefährtin, gebildete Geliebte von einflussreichen Männern. Der ungarische, Hungarian, Schriftsteller und Literaturwissenschaftler Antal Szerb erzählt so: Die allgemeine Meinung von ihr war, dass sie außerordentlich schön, gescheit und gebildet war. A **sophisticated** lady, **extraordinarily** beautiful, **exceptionally** clever, **extremely** well-read (*es muss nicht im-*

mer »very« sein). Aber Perikles im 5. Jahrhundert BC, der goldenen Zeit Athens, sagte oft zu seinem Diener: »Beim Zeus, die große Aspasia geht mir auf die Nerven, **she gets on my nerves**, und erzeugt bei mir Minderwertigkeitskomplexe, she **gives me an inferiority complex.**« Das war Ursache dafür, dass sie sich andauernd gestritten haben, selbstverständlich nicht in der Öffentlichkeit. Auf jeden Fall war das Leben zu zweit nicht langweilig!

So wie unser Leben auch nicht langweilig ist. It takes two to tango. Politik oder Grammatik ist einerlei, nicht wahr? Whether BC or 2001, it doesn't matter. Manche Dinge ändern sich nie. Plus ça change, plus c'est la même chose. (Yes I know, I **keep saying** this, but it's one of the few phrases I remember in French, ich darf damit angeben, oder?) And **to illustrate my point**, here is one more example from a long, long time ago:

Tassilo trifft Aristid und er scheint sehr glücklich zu sein: »Hello, old boy, nice to see you again. How are you? **I haven't seen you for ages**. I must say, you are looking splendid!«, und fragt ihn wieso. »Ich heirate!« (the correct English is I'm **getting** married) – »By Jove! Who would have thought! (*Don't learn this, don't say »By Jove« unless you are a retired army colonel about 90 years old or you wish to make fun of retired army colonels who are about 90 years old. Remember what we agreed, you and I, about bringing our English language up to date and not talking from the textbook? But now back to the story ...)*. – Na wen denn?« – »Ich werde die ideale Frau heiraten«, sagte Aristid. »Ja schön, und wie stellst du dir die ideale Frau vor?«, fragt Tassilo. »Ganz einfach, mein Freund, in Gesellschaft ist sie eine Dame, in der Küche eine Köchin und im Bett eine Hure.« After a few more pleasantries, they **shake hands** and go their separate ways again. Nach einem halben Jahr, about six months later, begegnen sie sich wieder und Aristid ist ganz niedergeschlagen. This time he **was looking pretty miserable**! Tassilo is very concerned about him and asks: »Was ist los, old chap, you're looking a little under the weather, married life doesn't seem to suit you after all. Hat deine Frau nicht die drei Tugenden (virtues)?«, fragt er Aristid. »Doch, doch, she possesses the three virtues perfectly, but just a little differently than I imagined – in der Küche ist sie eine Dame, im Bett eine Köchin und in Gesellschaft eine Hure.«

Heutzutage werden dieselben Witze erzählt wie damals – some things never change. Schluss. Was machen wir jetzt?

Review

So, have you really been paying attention or were you dozing off again? Here is a little test on some of the words and phrases in chapter 3:

1) **Es beruht auf Gegenseitigkeit:** You have at least two choices here and if all else fails, wenn sonst alles nicht klappt, just say »same here«. What would be really nice to hear: The feeling is mutual or it works both ways.

2) **Verkrüppelt:** Not a very nice word, in fact ein Wort, das man vermeiden sollte, da es auch ein Schimpfwort

ist. Früher hat man solche unglücklichen Leute als »cripple« bezeichnet, danach auf einmal waren sie alle »**handicapped**«, bis das Wort auch nicht mehr erwünscht war und mit »**disabled**« ersetzt wurde. In USA ist man immer noch bemüht, einen besseren Begriff zu finden – der neueste heißt »**physically challenged**«, was »körperlich herausgefordert« bedeutet.

3) **Magersüchtig:** Wenn der Engländer über Krankheiten reden will, muss er wie ein Arzt, a doctor, a physician, sprechen. Grundsätzlich soll er die medizinischen Fachwörter beherrschen. In England also heißt es zurück zum Schullatein *(anorexic)*.

4) **Schielen:** Nowadays you only go cross-eyed trying to read the »small print«, das Kleingedruckte Ihrer Versicherung, you know what I mean; after one normal page of what is covered by your insurance, Versicherung, there then follows about twenty four pages of exclusions, ca. 20 Seiten mit allem, was ausgeschlossen wird. Das bringt einen schon zum Schielen!

5) **Es war einmal:** Alle Märchen – fairy stories or fairy tales – fangen mit »Once upon a time« an. Sie enden mit: »... And they all lived happily ever after.« **If you believe that, you believe anything**!

6) **Minderwertigkeitskomplex:** Nur auf die Schnelle und sicherlich kein Problem, vorausgesetzt, Sie haben aufgepasst, provided that you were paying attention. Was für ein complex? *Inferiority complex.* Inferior ist minderwertig, und das Gegenteil davon? »Superior« heißt überlegen und bedeutet auch der Vorgesetzte.

7) **Spiegeleier:** As promised, on the subject of Spiegel-eier – fried eggs. There are two kinds of people in this world: Those who like their fried eggs »**sunnyside up**« and those who prefer the fried egg to be turned over in the pan or on the griddle to cook further with its sunny side down. Which do you prefer? Be careful what you say.

4

Ein unanständiges Kapitel

oder

Honni soit qui mal y pense

Wer Schlechtes dabei denkt, möge sich schämen, so steht es auf dem britischen Hosenbandorden, the Order of the Garter. Nun zu Ihnen, my dear W. Since you are my inspiration, I begin once again by thinking about you. It makes me very happy, dass Sie mit mir so glücklich sind wie ich mit Ihnen. Apart from, außer einigen Eigenschaften, an denen ich herummeckere, there are, actually, in der Tat, quite a lot of things about you, die ich liebe. Ihr Witz (wit), Ihre Intelligenz, Ihr Humor and, last but not least, Ihre Großzügigkeit (generosity) in jeder Hinsicht, in every respect not a trace of, keine Spur von Kleinkariertheit. (Na ja, brauchen wir wirklich das Wort in Englisch? Wenn ja, dann **small-mindedness.** I have to keep looking up these words in the dictionary, ich muss immer wieder nachschlagen.) Sie bedeuten für mich Geborgenheit, am besten übersetzt mit safeness and security. Geborgenheit wünscht sich auch die emanzipierteste Frau. Do you remember the previous remark of mine about having a shoulder to cry on?

You, my dear, Sie hören mir immer zu, Sie nehmen mich ernst, Sie unterbrechen mich nicht und wechseln nicht das Thema mit einer Bemerkung über »Weibergeschwätz« mit geringschätziger Miene. I love it that you **listen to** me, I hate not **being taken seriously**. Casanova himself hat schließlich auch die Erfahrung gemacht, dass jede Frau sich gewinnen lässt, wenn man sie ernst nimmt. I don't like being interrupted and I get mad when you change the subject. Sie interessieren sich auch für das, was in meiner Seele vorgeht. Sie sind weise genug, nicht auf meinem Inneren herumzutrampeln.

I hope you are feeling **flattered** (geschmeichelt) by all these positive attributes (auch ein Wort für Eigenschaften) and not once have I said that you **have to have** (haben müssen) a body like a Greek god, like a statue by Adriaen de Vries with such a knackigem Hintern (British English understatement: nice bum! American English directness: firm butt!). Sie zucken nicht nervös, wenn wir uns über Frauenthemen unterhalten statt über Ihr Golf-Handicap, die Probleme in der Firma, die Nachteile (disadvantages) von Microsoft 2000 oder die Vorteile des neuesten Mercedes Cabrio. (Für Amis und Brits heißt diese Nobelmarke übrigens schlicht »Merc.« [*mörk*]! Nebenbei erwähnt, Rolls Royce is known as a Roller [*rō-lö*], don't forget the much mocked long English o and last but not least in this Holy Trinity is of course *BMW* [***bii-emm-dubbl-juu***].

Sie nörgeln nicht am Essen herum mit der Bemerkung, Paul Bocuse hätte mich aus seiner Küche gejagt. I don't have to chase YOU out of MY kitchen. You have never switched the TV **over** (umschalten) to watch a football match while I was watching a tragic love story, auch wenn es ein Schmarrn war. From time to time we all need **a good cry**, sich ordentlich ausweinen, don't you think? (Crying ist in der Regel nur weinen, wenn Sie also schreien sagen wollen, dann bitte **scream** or **shout**, je nachdem. To **cry out** z.B. in pain ist okay, ich meine, als Übersetzung ist es richtig, die Bedeutung ist natürlich alles andere als OK. Lassen wir »crying out« in pain für Zahnarztbesuche oder Haarentfernung mit heißem Wachs und benutzen lieber »crying« und nicht immer das etwas poetische »weeping« for schmaltzy Schnulzen, films which are real **tearjerkers.**)

Sie stehen auch nicht da, ungeduldig auf die Uhr guckend und gähnend, impatient, watching the clock and yawning, or trying to **stifle a yawn** [*stei-föl*], ein Gähnen underdrückend, wenn ich in Rom das Wahnsinnskleid schnell anprobieren muss. Schließlich will ich für Sie schön sein and that is the only reason I simply have to, I really must try it on. Sie sagten noch nie: »Kaufen Sie das nicht, es ist zu auffällig«, don't buy that, it's too **showy, flashy** (showy/flashy: hier in Verbindung mit Kleidern, mal was anders als z.B. **conspicuous**), obwohl ich meine, dass ich so angezogen war wie eine junge Nonne auf Vergnügungsreise im Vatikan, und Sie, Sie womanizer, Sie drehten sich in derselben Sekunde nach einer schönen Italienerin um, die praktisch oben ohne war and definitely not **inconspicuous** [*inn-konn-**spikk**-ju-öss*].

Andere Länder, andere Sitten, sagt man. Although they say »other countries, other customs«, gilt das nur für die Sitten, denn das Verhalten der Männer ist auf der ganzen Welt gleich. All over the world drehen sie sich nach schönen Frauen um, umso mehr, je weniger das Objekt der Begierde, die unbekannte Schönheit, anhat. The almost magical attraction of female beauty, die magische Anziehungskraft weiblicher Schönheit, ist ungebrochen, man denke an unsere Urmutter Eva oder auch an eines der berühmtesten Massaker in der

Antike, den Trojanischen Krieg, in dem die Griechen unter Agamemnon um die von Paris geraubte Helena kämpften. Helen of Troy, the epitome *[ii-pitt-ö-mii]* of beauty, die Schönheit in Person. Selbst im 20. Jahrhundert noch hat ein Windsor aus Staatsräson für eine Frau auf den englischen Thron verzichtet. How we all love this story, how he gave up the throne, abdicated (abdanken) for the woman he loved.

Ob andere weniger attraktive Frauen auch solche Aufmerksamkeit bekommen? Es könnte fast wie ein Witz von Radio Eriwan klingen. Frage an Radio Eriwan: Ist es denn möglich, dass die Männer sich für unattraktive Frauen begeistern? Antwort: Ja, es ist möglich, aber höchst unwahrscheinlich. **Highly unlikely,** highly improbable! Klar doch, und weil das so ist, kann ich Ihnen gar nicht böse sein, my dear W., dass Sie auf die nackten Vorzüge der Dame hingeschielt haben.

Es ist gar nicht lange her, als ich einen Vortrag hörte über die Gene. Es wurde angeblich festgestellt, zumindest behauptet, dass die Krönung der Schöpfung ein extra Gen für die Untreue hat. Ich nehme an (I assume), dieses Gen wurde von Männern entdeckt. Was für eine geniale Ausrede, sie könnte fast von Ihnen sein, mein lieber Doubleyou.

Sie aber haben nur geguckt und diese Frau war wirklich schön. Es spricht für Ihren exzellenten Geschmack, you have excellent taste, your taste is unquestionable. Aber sicher, man braucht doch nur mich, Ihre Doosie, anzuschauen. Ich bin die Traumfrau schlechthin, ich habe nämlich keine Konkurrentin, ich bin in jeder Hinsicht für Sie perfekt. Und so, my dear, dürfen Sie auch weiterhin andere Schönheiten anschauen und mich für meine Klugheit bewundern. Sie wollen von mir hören, dass Sie der Größte sind, vor allem der Intelligenteste, mit einem Wort ein anbetungswürdiges Exemplar? Eine dumme Frau, wenn sie es Ihnen sagt, wäre nicht glaubwürdig. Glaubwürdig is credible or **plausible,** but it is a waste of time trying to look up »anbetungswürdig« in the dictionary. Für anbeten there is to worship, of course, here even to idolize e.g. as teenage girl fans idolize pop stars.

And now that I have your full attention again, just let me say that I forgive you, my dear, because on the other hand (*please memorize* ***hand*** *and don't ever say again »on the other side« unless you are pointing to something on the left or on the right hand side*!), I enjoy our little shopping trips together. Was Sie nicht sagen, ist: »Wir können es uns nicht leisten.« Wir können es uns nicht leisten, **we can't afford it,** die unerfreulichsten Worte in der englischen Sprache! Just a moment, probably the worst words in any language!

Sie sind mein Partner und wir sind gleichberechtigt, we have equal rights, auch wenn ich mir den Luxus leisten möchte, manchmal ganz Frau zu sein. Wenn ich mich schwach fühle, komme ich gerne zu Ihnen, aber fangen Sie bloß nicht an, mir irgendeinen Blödsinn zu erzählen, der mit meiner Sache gar nichts zu tun hat und wo Sie als Hauptperson vorkommen, wofür Sie dann Bewunderung, admiration und applause [*æpplohz*], erwarten. Fällt es Ihnen wirklich so schwer, meine Leistungen auch anzuerkennen? Mir geht es dann wie Shirley Valentine in the play of the same name, if you can call it a play, as really it is a monologue. I can **definitely** recommend that you especially, my dear, go to see it either on the London stage or in your local theatre. Die deutsche Fassung hat den Titel »Die heilige Johanna der Einbauküche«. As you must know, die Rückübersetzung wäre »Saint Joan of the Fitted Kitchen«, so look out for it when it appears at a theatre near you. (Maybe I'm old-fashioned, but **for once** (ausnahmsweise) I don't like to write theater the way the Americans do. You can write it whichever way you want to.)

In my opinion the German title has **missed the point** altogether, as I really don't think a **fitted kitchen** comes into it. Britische Hausfrauen träumen nicht unbedingt von einer Einbauküche. Der deutsche Titel ist vielleicht als ein Symbol für unerfüllte Wünsche zu verstehen. Hier handelt es sich gewiss um einen kulturellen Unterschied, da in England das Neue und Schicke oft verpönt ist. Ich erzähle Ihnen hier nichts Neues. A better impression (Eindruck) is made by uralten Erbstücken. Hauptsache, diese waren seit Generationen in der Familie. If these **don't work properly,** sie funktionieren nicht richtig, and are totally impractical, then this is so much the better! Möbel kaufen? Oh my dear, how common, how working class!

And another thing – diese französische Heldin ist eigentlich nicht als **Saint** Joan, sondern in der Regel als »Joan of Arc« bekannt. Na ja, die bösen Engländer haben the French national **heroine** Jeanne d'Arc verbrannt, eine Heiligsprechung ist ihnen wohl peinlich, embarrassing?

Anyway, as I was saying, jedenfalls im Drehbuch vom Willy Russell gibt uns Shirley ein typisches Beispiel, an absolutely typical example, und ich weiß ganz genau, wie sie sich fühlt. I agree absolutely, that this sort of thing really gets on my nerves, gets up my nose, »it **gets my goat**« (es ärgert mich sehr, evtl. es ist zum Kotzen!):

»... If you say something like ›My favourite season is autumn‹, they (Männer) say ›Oh, MY favourite season is spring‹. And then you have ten minutes of them talking about why they like spring. And you weren't talking about spring, you were talking about autumn ...!«

Do you recognize yourself here, dear W.? Sie referieren und ich habe zuzuhören? You give the lectures and I listen dutifully (pflichtbewusst), ich bin ganz Ohr (**all ears**), your words do not fall on deaf ears, auf taube Ohren stoßen.

Übrigens, woher weiß man, dass es sich hier um ein englisches Stück handelt, und nicht ein amerikanisches, wie z.B. eine tolle Broadway-Komödie von Neil Simon? A rhetorical question, klar, viel zu einfach für Sie. Engländer haben autumn und Amerikaner haben the fall. Mittlerweile weiß es doch jeder, besonders die glücklichen, die New England **in the fall** mal erlebt haben, when the leaves fall from the trees. Ich bewundere diese Fähigkeit (ability) der Amerikaner, **to call a spade a spade** [*spehd*]! Das Kind beim rechten Namen zu nennen.

On the other hand, andererseits ... what I'm about to say next may surprise you, dear Mr. Wonderful. Ist es nicht herrlich, dass Männer und Frauen so unterschiedlich sind? Wenn Sie mit der Seele einer Frau klarkommen, können Sie, mein Lieber, so sexy aussehen wie ein plum pudding, für die Frau ist das nicht von

Bedeutung, darüber wird großzügig hinweggesehen. »Sexualität spielt sich innerhalb des Körpers der Frau ab, aber außerhalb des Körpers des Mannes.« Verstehen Sie, was ich damit sagen will, my dear? Of course, **in the literal sense**, literally, buchstäblich, we all understand, but I am talking here about **the figurative sense**, figuratively speaking, im übertragenen Sinne, sinnbildlich. As long as you **get the gist** [*djisst*], das Wesentliche, then that's fine with me.

Just think (hier: sich überlegen) for a moment that, if the Three Wise Men, die Heiligen Drei Könige, had been Three Wise Women, they would have

arrived in good time (rechtzeitig)*
brought practical presents
helped deliver the baby
cleaned up the stable
made a meal for everyone
etc.

Und wenn Sie vorhaben, diesen Witz weiterzuerzählen, passen Sie gut auf: if they had been ... they would have etc. Deliver the baby? Nein, nicht »liefern« wie die Post oder UPS, sondern hier bedeutet es »entbin-

* Problems with on time/in time? Not a problem for us really, is it? **On time** is punctual (pünktlich), not late. Was on time geschieht, geschieht zum geplanten Zeitpunkt: The concert began on time and finished on time. **In time** ist rechtzeitig, früh genug, um etwas zu tun: I want to **get** home in time to watch tennis on TV. Die meisten Briten schauen übrigens nicht *tii-wii* sondern **watch the telly**, ausgesprochen wird also nur die Vorsilbe »tele« (wie die Tele-Tubbies!). And by the way, übrigens, the opposite of in time is **too late**: I got home too late to watch tennis on the telly.

den« and deliveries of this kind usually take place in hospital, in the Obstetrics & Gynaecology Ward [*wohrd*], usually referred to as Obs & Gyny [*obss-önn-gei-nii*] for the usual reason, der Name der Station ist sonst zu lang!

*

Sorry about that little interruption (Unterbrechung) and now to return to the subject: men.

Men: you can't live with them and you can't live without them.

I recall here my favourite Ephraim Kishon story »Es war die Lerche«, where Romeo and **Juliet** got married. (*Now we have had »get married« before, so I hope this time you* ***read*** *it. Aussprache redd wie bed und nicht riid wie need! I assume in fact that you read it without hesitation and with total confidence. If you got Read [redd] wrong then please Read (riid) it again! Mein Gott, wo sind wir denn hier?*) Sie, Romeo und Julia, werden nun mit der Realität konfrontiert, der graue Alltag tötet die Leidenschaft (passion) und die Beziehung leidet unter der Eintönigkeit und Langeweile (monotony and boredom). Der Gedanke, von Geburt an beginnen wir schon zu sterben, wie immer von good old Bill Shakespeare behandelt, gilt ganz offensichtlich hier auch für die eheliche Liebe. Leider.

... Hier auch ein Tipp in Bezug auf Zitate: If you ever have any doubt, Zweifel, as to where a quotation comes from in English, then just attribute (zuschreiben) it to William Shakespeare and you **can't go far wrong**. Damit kann man nichts Falsches machen. The Bible is also an excellent source of quotations, especially for Catholic priests and Jehovah's Witnesses.

Sie und ich, Mr. Wonderful – if fantasy were to become reality – würden wir diese Prüfung bestehen? Die Ehe? Sollen wir heiraten? Ich glaube nicht, es gelingt selten, diese Gnade wird selten vom Schicksal beschert. Most people would probably agree that marriage is not about love and individual happiness but about commitment and bloody hard work! (»Bloody« schauen wir uns später an.)

A well-known statement about marriage, some sort of Volksweisheit, goes something like this: »Wenn man verheiratet ist, kann man gemeinsam die Probleme lösen, die man nicht gehabt hätte, wenn man nicht verheiratet gewesen wäre!« Übrigens, das Wort Ehe ist vermutlich eine lateinische Abkürzung für **errare humanum est**! (Irren ist menschlich oder mit anderen Worten: Nobody's perfect!)

Doch zurück zum Unterschied zwischen den Geschlechtern. I think it's absolutely wonderful, eine Bereicherung, enrichment eben, reizvoll, fascinating, charming und aufregend. Erheben wir uns über die Realität. Bleiben wir lieber in unserer Fantasiewelt, where you are always on my mind. Wir wollen keine Kompromisse. »Ein Kompromiss ist dann vollkommen, wenn alle unzufrieden sind« (attributed to Aristide Briand). Ein aktueller Vergleich wäre die Wiedervereinigung Deutschlands. The Reunification of Germany seems to have caused **a great deal of** dissatisfaction on both sides, sehr viel Unzufriedenheit auf beiden Seiten (»a great deal of« hört sich sehr englisch an, wird gerne gebraucht).

Da es Sie nur noch in meinen Gedanken gibt, dear W., und selbstverständlich in meinem Herzen, weiß ich nicht, ob ich Sie in Wirklichkeit auswählen würde.

Under these circumstances kann ich nichts anderes tun, als an die Worte von Mae West zu denken. Diese Sexbombe und erfahrene Frau gibt Ratschläge, wie man keine Gelegenheit auslässt, richtig bei der Männersuche auf die Schnauze zu fallen. »Auf die Schnauze fallen« in English, please? »To come a cropper«. Ich wette, Sie haben es nicht gewusst. Anyway, here it is, the quotation, Zitat, von Mae West (1892–1980), der amerikanischen Schauspielerin: »Wenn ich zwischen zwei Übeln zu wählen habe, dann nehme ich lieber das, welches ich noch nicht ausprobiert habe.« In dem Fall, Sie! Well, my dear, I put the question to you now, which is **the lesser of two evils**, the devil you know or the devil you don't? Seltsam, aber wahr, strange but true, das Wort evil wird lang [**iiv**-*il*], aber das Wort devil kurz [**devv**-*il*] ausgesprochen. It takes many years of studying etymology and comparative linguistics to see that evil and Übel are related words, just as devil and Teufel were also originally the same word, before all the peoples decided to migrate from the Indo-European head office to branches in the west. Don't let us worry too much about europäische Zweigstellen right now. We were **getting along fine together** without too much detail of pronunciation. Wir haben uns gut verstanden. Und weil das so ist, und weil die letzten Zeilen mich geistig angestrengt haben, then I shall take a little break now, ein Nickerchen wäre nicht schlecht, yes, in fact I think I'll **take a nap, have a snooze, have forty winks,** and last but not least, as an American friend of mine always says, I'm going to catch some zees, weil der Buchstabe Z dort, im Lande des Zeichentrickfilms, symbolisch für das Schlafen ist. Z Z Z Z Z Z Z Z Z Z Z Z Z Z Z

Dear Mr. Wonderful,

I'm in a good mood today. Really! Heute bin ich gut gelaunt and I have been thinking about some of the problems of pronunciation. Ich habe behauptet on the one hand, dass man keine Minderwertigkeitskomplexe haben soll, wenn man kein perfektes Englisch spricht, on the other ist es doch wichtig, Wörter so auszusprechen, dass keine Missverständnisse auftreten, und wenn man schreibt, sollte man sich bemühen, richtig zu schreiben. (*Sich bemühen kam bereits vor, haben Sie* ***make an effort*** *gelernt?*) Fehler in der Aussprache von »foreigners« werden sehr schnell ins Lächerliche gezogen – they are ridiculed. Viele kennen bereits den Beschwerdebrief, angeblich von einem Italiener geschrieben, the letter of complaint allegedly (supposedly) written by an Italian, in dem sich der Verfasser sehr bewusst über einige typische Probleme der Aussprache lustig gemacht hat. Der arme Mann konnte kein langes iiiiiii aussprechen und aus sheet und piece wird ... na ja, was wohl, shit and piss. Seine Aussprache von »fork« lässt auch zu wünschen übrig – zu kurz ausgesprochen kommt »a fork on the table« als »a f..k on the table« raus. How shocking. Der Fehler ist lustig, weil sehr menschlich, wenn auch übertrieben, die Probleme sind nachvollziehbar und wir fühlen uns vielleicht überlegen. It's normal to feel superior (*for superior please refer to chapter 3*) when we know something more or better than someone else. Five percent, 5% more knowledge than the next man means infinitely more power over him.

Ich selber bin mit einer feinen französischen Dame um die siebzig befreundet, und wenn ich sie besuche, versucht sie mit mir Englisch zu reden und ich mit ihr Französisch, dann sind wir alle beide benachteiligt. Sie schlägt jedes Mal vor, dass ich mich nach meiner langen Reise gleich hinlegen soll – »There is fresh shit on your bed.« Gut zu wissen, dass mein Bett mit sauberen Bettlaken bezogen wurde. I know, I know, äußerst vulgär, nicht wahr, es handelt sich um Körperfunktionen (yes, it's OK to say bodily functions) oder Wörter, die dazu verleiten, Kinder in die Welt zu setzen. Und damit um die ordinären Schimpfwörter des angelsächsischen Sprachbereichs, die so genannten »four-letter words«, die auf keinen Fall verwendet werden sollen, im Gegenteil, die man auf jeden Fall vermeiden muss, such words should be avoided at all times. The strange thing is that all these extremely vulgar and offensive words are globally understood!

Doesn't this make you very sad? Haben wir es uns selber zuzuschreiben? Of course we have, who else? I don't know who thinks up these expressions, but I was just wondering, dachte nur, dass eine Person, die sich solchen Schwachsinn ausdenkt, is one of the anonymous creators of amusing and/or obscene electronic mail which they wish to share with everyone who surfs the Net. Obzöne Briefe und Witze usw. sind typical of the sort of, kind of, type of thing doing the rounds, es geht um und wird downloaded from the Internet 24/7, sprich: twenty four-seven. Workaholics especially, bitte merken: 24/7 steht selbstverständlich für alles, was vierundzwanzig Stunden lang an sieben Tagen in der Woche stattfindet oder zur Verfügung steht, whatever is available around the clock.

Jaja, der Computer ist sowieso der neue »Man's Best Friend«, at his disposal at all hours of day or night, ersetzt die Frau, den Hund und den besten Freund, nicht unbedingt in der Reihenfolge, **not necessarily in that order**. Man lernt sich im Internet kennen und nicht mehr **in the flesh.** Marriages are no longer »made in heaven«, stattdessen gibt es nur noch virtual synergism. Ist das nicht traurig? And **as far as I'm concerned**, it's still a one-way system. Noch gibt der PC nur das zurück, womit wir ihn gefüttert haben.

»I really hate this damn machine
I wish that I could sell it.
It never does quite what I want,
but only what I tell it!«
(Anon)

*(**Anon**, die Kurzform von anonymous, bedeutet von einem unbekannten Dichter verfasst.)*

In other words, the input is from us and the number of downloads show how interested we are. OK, geben wir es ehrlich zu, einige der oben erwähnten Wörter sind wirklich nicht sehr anständig – dirty jokes are always »**below the belt**« – unter der Gürtellinie –, sonst wären sie eben keine dirty jokes, aber können Sie wirklich behaupten, die Mundwinkel kein einziges Mal hochgezogen zu haben? Sagen wir, innerlich vornehm gelächelt? Can we still laugh together because we find the same things amusing? Dann haben wir eben eine wunderbare relationship.

Keep smiling!
Doosie

Die Aussprache von bestimmten englischen Wörtern ist bekanntlich verdammt schwierig. Bevor wir jedoch von der verflixten Aussprache zum verstrickten Wortschatz wechseln, möchte ich nun noch mal ein internationales Beispiel bringen. Wir sind doch alle Weltmenschen, oder? Global citizens, unite! Ich habe leider vergessen, um was für einen Star, pop star or film star, es sich handelt, aber in einem Radio-Interview kam eine typische Frage auf: Nennen Sie uns bitte einen Menschen, den Sie bewundern. Der Star wollte sich bestimmt als Intellektueller wichtig machen und sagte klipp und klar: »Rimbaud« (Arthur Rimbaud [*răṅ-bō*], 1854–1891, French symbolist poet). Später staunte er nicht schlecht, als er wochenlang von seinen Fans mit Bildern von Sylvester Stallone – a.k.a. (also known as) Rambo – überhäuft wurde!

In der deutschen Sprache gibt es auch Worte, die sehr leicht zu verwechseln sind. Ein Beispiel dafür hat was mit gefiederten Schönheiten zu tun, also mit »Vogel, Vögel, Vögeln«. Neulich in der ornithologischen Abteilung des Zoos standen viele Leute vor der Voliere (aviary) und bewunderten die Schönheit vieler verschiedener bunt gefiederter Gottesgeschöpfe. Whilst admiring these splendid creations of God, schrie plötzlich eine genervte, nicht deutschstämmige Mutter ungeduldig ihre Kinder an, die trotz mehrmaliger Ermahnungen immer noch nicht weitergehen wollten: »Verdammt, Kinder, was zum Teufel macht ihr beim Vögeln so lange?« Nicht meine Worte, my dear, sie drückte sich wirklich so aus! Sie hatte selber nicht die leiseste Ahnung, was sie sagte, woher auch? Her German just **wasn't up to it**! Deutsche Sprache, schwere Sprache.

Ähnlich ist es mit dem Wort »bumsen«. Während einer Gastdozentur in Deutschland wollte die ungarische Ballettmeisterin ihren Schülern beibringen, nicht immer so ungeschickt auf dem Boden zu landen und mit dem Po aufzuschlagen. Sie sagte immer wieder: »Leute, bitte nicht immer auf dem Boden bumsen.« Sie hat bestimmt nicht verstanden, warum alle Schüler gegrinst haben. Solche ungeschickten Bewegungen sind übrigens **clumsy** oder sogar **awkward** [*ohrk-wöd*] und es wäre schön, solche urenglischen Begriffe zu beherrschen, nicht wahr? Besonders das Wort awkward, ein echtes, keltisches Überbleibsel mit keiner nachweisbaren Stammverwandschaft. At least, as far as I know this word was originally Celtic and there is no cognate (gleichen Ursprungs) word in other languages. Damit kann man den Leuten wirklich imponieren, you can really impress people! Versuchen wir es auch mit einem abgeleiteten Ausdruck wie »it was a rather awkward situation«, d.h. etwas peinlich oder unangenehm, hier sehr schön formuliert, sogar mit einem Hauch von britischem Understatement. Rather [*rah-the*] können wir fast unbegrenzt einsetzen: Rather nice here, isn't it? Rather expensive, don't you think? Rather cold for the time of year etc.

Not everyone, however, is so delicate. Some people may think it's bloody cold for the time of year, or bloody expensive. Bloody [*blad-di*] (Eigenschaftswort) is probably one of the most common swear words, examples of profane language (Fluchen) in the British English language. Ja, ja, wir hatten bloody bereits in diesem Kapitel und das Beispiel war »bloody hard work« for example, just like reading this book! Jetzt ist es schon klar, warum Briten lachen, wenn ein Ausländer ein bloody steak bestellt, wenn er sein steak **rare** essen möchte. As a guideline (Richtlinie), maybe we could say here **as a rule of thumb** (über den Daumen gepeilt): Steak is eaten rare if you are French, **medium** if you are a foreigner who is **playing safe** and **well-done** if you are British! This **reminds** me, I seem to **remember** having promised to tell you another waiter joke? Sorry, but I can't remember any at the moment! (But please note remind and remember.)

Hier ein harmloses Beispiel für eine Wortverwechselung: Eine ausländische Medizinstudentin hat in der mündlichen Prüfung die Schilddrüse (thyroid gland) mit der Schildkröte (turtle) verwechselt. Die prüfenden Professoren haben gelächelt, den Ausdruck ironischerweise für sich übernommen und ihren Spaß dabei gehabt. Es ging in etwa so, it went **rather** like this: »Fräulein Soundso, wie heißt das Hormon der Schildkröte?« – »Thyroxin, Herr Professor.« – »Danke, könnten Sie bitte die chemische Formel des Thyroxins der Schildkröte aufzeichnen?«

Anscheinend sind Akademiker auch Menschen und mancher Herr Professor Dr. Dr. hat sogar Humor. Lustig finde ich es sowieso, wenn ich diese ladies and gentlemen mit solchen Titeln anreden muss. Interestingly enough, in dieser Hinsicht haben die Briten eine Art »reverse superiority«. Let me explain: In der Krankenhaus-Hierarchie ist »Doctor« Smith ein stinknormaler Arzt, a boringly normal, **common-or-garden** doctor. Sein Kollege, der weltbekannte, renommierte Spitzenchirurg, wird mit »Mister« angeredet, um ihn vom »Gesindel«, **from the riff-raff**, zu unterscheiden. The British really are **snobs**, they invented the word. Sollte man sich also in einem englischen Krankenhaus befinden, wo man erfährt, dass die Operation von **Mr.** Jones vorgenommen wird, don't panic! Er ist nicht der Hausmeister. Wirklich nicht. Trust me.

Ich hoffe, Sie haben auch Humor und sind mir nicht böse für diese Ausdrücke (nur eine kleine Auswahl!). Ich meine es nur gut mit Ihnen. To sum up (zusammenfassend) I can only repeat that language does not stand still and times change, including ideas on what is acceptable and what is not. We can consider the words of Rhett Butler spoken to Scarlett O'Hara in Gone with the Wind: »**Frankly, my dear, I don't give a damn.**« Damals ein skandalöser Ausdruck, da man bisher nur »darned« sagen durfte: »Well, I'll be darned«, und das nur zur Vermeidung des bösen Wortes »damn«. The film was produced a considerable (erheblich) time ago. Wenn man *Vom Winde verweht* nochmals drehen würde, dann mit Brad Pitt oder Leonardo di Caprio (heaven forbid!) in der Titelrolle und der würde wahrscheinlich sagen: »I don't give a rat's ass!« Der deutsche Synchronsprecher, höflich wie immer, sagt dann: »Es ist mir ziemlich egal.«

My excuse, Ausrede, Vorwand, for all this vulgarity is that of course you have to know what these words are in order to know what not to say. In fact I don't know why I keep apologizing for it, since at the time of writing this chapter, the number one hit in the music charts in Germany has the title: »Es ist geil, ein A...loch zu sein.« I am not joking! **I'm not kidding you!** (*Umgangssprache*) Es macht mich sprachlos. Armes Deutschland, soll das deine Leitkultur sein? Sind wir noch das Volk der Dichter und Denker? And as far as music is concerned, we have Beethoven, Mozart, Schumann, Brahms, Wagner, Bach, Mendelssohn und den Wahlengländer George Frederick Handel (doch! The composer of the Water Music!) and many, many more – what happened? Can someone please tell me?

I suppose I am just thinking of my own style, my personal taste, whereby I prefer to substitute the really bad words with something more harmless. Die Verwendung von »euphemisms« ist weit verbreitet im englischsprachigen Raum. **Euphemism** [*ju-fö-miss-m*] laut Oxford English Dictionary is the substitution of mild or vague expression for harsher or more offensive one. Beispiele (jetzt von mir und nicht aus dem OED): »shoot« statt shit; »flipping« BE oder »frigging« AE statt fucking; »heck« statt hell, wie z.B. »what the heck is going on here?«; »my goodness« statt my God! Don't take the name of the Lord in vain, das ist Gotteslästerung. Starke Ausdrücke, die man einfach nachplappert, sprechen für wenig Fantasie. Vielmehr bewundert werden eigene Ersatzausdrücke, die lustig sind, auch wenn jeder weiß, was wirklich dahinter steckt. Darin sind die Engländer Weltmeister, die Amerikaner auch nicht schlecht. So, the secret of speaking good English? Practice your euphemisms!

In der deutschen Sprache haben wir auch hervorragende Beispiele dafür, etwas zu schreiben oder zu sagen und gleichzeitig ganz was anderes zu meinen. Wo? Ja, for one thing, in einem typischen (Arbeits-)Zeugnis. To put it another way, ein Meisterwerk der Geheimsprache. Dies besteht nämlich ausschließlich (exclusively) aus einer Zusammensetzung von Codes, die überhaupt nichts mit dem Inhalt zu tun haben. Example number one: »Sie arbeitete mit größter Genauigkeit« (precision) really means that she is a slow worker, obstinate and always thinks she knows better, in other words, sie ist ein langsamer und sturer Hund, der immer alles besser weiß! Beispiel 2: »In gegenseitigem Einvernehmen«, **by mutual agreement,** really means: »Wir haben sie/ihn hinausgeschmissen!« We threw him or her out, we gave him or her the sack. Aller guten Dinge sind drei, since **all good things come in threes**: »Aufgrund ihres stets freundlichen und hilfsbereiten Wesens erfreut sie sich in ihrem Umfeld großer Beliebtheit.« Sie ist eben eine alte Tratschtante, a gossip, die ihre Arbeitszeit damit verbringt, die neuesten Gerüchte von Büro zu Büro weiterzuverbreiten, she spends her time spreading the latest rumours. Eine einzige Heuchelei. Just for background information, here a small excerpt from a typical **testimonial**, in English this time, but you will recognize (BE)/recognise (AE) the standard phrases:

»Ms. So and so carried out the duties assigned to her to our complete satisfaction. Her enthusiasm and her praiseworthy dedication to her work enabled her to prove herself in a difficult field of employment. We would particularly like to mention the loyalty which Ms. Soandso showed towards our company, the management and her co-workers. Her manner was always friendly and co-operative and she was very popular with her colleagues.«

Ms. So and so – was haben Sie da gelesen? Miss oder Mrs.? »Ms.« kann ich auch nicht so richtig aussprechen. Sorry, can't help you here with how to pronounce it. Es geht hier nämlich um eine reine Schriftform, die mit Gewalt erfunden bzw. künstlich geschaffen wurde, nur um die Gleichberechtigung in der Geschäftskorrespondenz zu fördern. »Mr.« gibt uns keinen Hinweis, ob der nette Bewerber (applicant) married, single, widowed, verwitwet, or divorced, geschieden, ist. »Mrs.« ist verheiratet. »Miss« nicht. Im Falle »Ms.« wissen wir nichts und es soll uns nicht weiter interessieren. Ich vermute, dass diese Abkürzung aus den USA kommt, oder vielleicht handelt es sich hier um ein seltenes Beispiel, a **rare** example, in dem die Engländer ausnahmsweise, for a change, das 21. Jahrhundert wahrnehmen! (Ja, ich weiß, »for a change« heißt normalerweise zur Abwechslung, aber hier passt es schon, just for a change.)

Die Amerikaner (I love Americans, have I told you already? Probably because I sometimes have the feeling that in USA all mental development ceases, stops at the age of 15. How can you not feel kindly towards a nation composed of middle-aged teenagers?), Americans, denken sich sowieso, anyway, immer wieder neue Wörter aus, um die Sprache Tag für Tag an die rasante Entwicklung ihrer Kultur anzupassen. Americans customize their language to suit their needs. (Please note **customize** here for anpassen.) Und auch wenn sie keine neuen Wörter gebrauchen, können sie sehr gut mit dem bestehenden Wortschatz spielen, wie z.B. die zahllosen Clinton-Witze beweisen, die man sich immer noch erzählt. Mittlerweile weiß jeder ganz sicher, dass eine Praktikantin eine **intern** ist! The famous »Oval Office« ist ins »Oral Office« umgetauft worden.

Sie wollen hier einen Clinton-Witz lesen? No problem, there now follows an exceptionally clever anagram, just rearrange the letters to create other phrases or words. Die besten sind dann die, bei denen der neue Ausdruck eine passende Bedeutung hat, z.B.

The anagram of eleven plus two
is twelve plus one.

Jeder Buchstabe des Satzes oder Ausdrucks darf nur einmal verwendet werden und alle Buchstaben müssen im neuen Ausdruck vorkommen: President Clinton of the USA.

Also, los geht‘s, zu welcher Lösung sind Sie gekommen? Die Antwort finden Sie am Ende des Kapitels. You will find the solution at the end of the chapter.

*

Time for bed, my darling W. Do you still love me? Do you take me with all my faults? You know what they say: »Love me, love my dog«, und das hat überhaupt nichts mit Hunden zu tun, sondern ist die Aufforderung, auch meine Fehler zu mögen. Do you still want to be my »main squeeze«? »The main squeeze«? Just use you imagination, sweetheart. The **main squeeze** ist selbstverständlich die Person, die man am liebsten umarmt, mit der man am häufigsten knutscht and it sounds much nicer than Lebensgefährte oder Lebensgefährtin, doesn't it? Der Ausdruck ist zurzeit ganz »in« und kommt in fast jedem neu veröffentlichten Roman in der englischen Sprache vor. (Well, maybe it does not appear in Maeve Binchy or Rosamunde Pilcher novels, but it certainly appears in all the books about 30 year old Superfrauen, die vom untreuen Ehemann oder Lover verlassen werden und die trotzdem nicht nur überleben, sondern sogar ihr großes Glück finden.) So, please look at me now and see my smile of gratitude, Dankbarkeit. Thank you so much for your moral support. »Bitteschön« wollen Sie sagen? Take your choice from: My pleasure/you're welcome/don't mention it/that's OK.

That was the end of my Madonna chapter. Tomorrow I shall be Mother Theresa again. Ich überlasse es Ihnen, ob das für Sie eine Drohung oder ein Versprechen ist. »Is it a threat [*threttt*] or a promise?« Hope we are still friends und dass meine giftigen Bemerkungen am Anfang, my venomous remarks at the beginning (venom – Schlangengift), are forgotten and forgiven oder andersherum, »forgive and forget«, im Sinne von something like »live and let live«. For the moment then, I take my leave of you, my dear, that's all for now, until tomorrow maybe?
Good night.

»Till tomorrow. I love you and am waiting for you, my happiness and my life. I kiss you most tenderly, little beloved one.«

(Simone de Beauvoir writing to Jean-Paul Sartre on 5th January 1940.) Ist das nicht schööööön! Tender and tenderly bedeuten zärtlich, aber das weiß doch jeder seit Elvis »Love Me Tender« sang. Beloved spricht man übrigens 3-silbig aus [*bi-lav-id*].

Review

OK, here we are again, time for revision, even though presumably you are lost in your own thoughts again, in Gedanken verloren. Vielleicht waren die o.g. Beispiele zu schockierend für Sie, mein Sensibelchen. Sowas wollen Sie nicht lesen, geschweige denn lernen! Do I detect a hint of censure, eine klitzekleine, **teeny-weeny** Rüge? Surely not, not from you. Now if you really want to learn something, it's reality time again! If not, then just skip (überspringen, auslassen, schwänzen) the next page. **It's up to you,** ganz Ihre Sache, it's optional.

1) What about three different words in translation of »Eigenschaften«?

....

2) Wie heißen die Heiligen Drei Könige auf Englisch? – the guys* with the gold, frankincence und myrrh, die Jungen wussten, was jedes Neugeborene braucht. Merry Christmas!

3) **Es ist mir egal** und bleiben Sie bitte anständig, kein Bezug auf die Hinterteile von Nagetieren. (I'm sure you remember the rat's derrière.) Nicht so einfach, man muss sich der Situation anpassen. I don't mind is probably safest, for example »Shall we go to the Italian or the Chinese Restaurant? I don't mind.« »I don't care/I couldn't care less« ist mehr nach Rhett Butler und nicht höflich. Was haben wir noch? »It makes no difference to me« (Wörterbuch) ist umständlich. And last but not least, of course, you could try the Filser English we all know and love – »es ist mir Wurst«, it's a sausage to me – ho, ho, ho, a typical joke in a beginners' English for Germans book, in second place only to »equal goes it loose«, gleich geht's los. If you say

---

*Bitte nicht mit **gays** (Schwule) verwechseln!

this to the average non-German speaking American or British citizen, don't expect to be understood, but you will get a very strange look!

4) Moving rapidly on from the birth of Christ and into the year 2001 – individuelle Anpassung an den Kundenbedarf? Sowie neuer Ausdruck rund um die Uhr, 7 Tage die Woche. Too easy?

5) **Gut gelaunt:** in a good mood, not to be confused with, nicht zu verwechseln mit »in the mood«, wie z.B. I'm in the mood for .... (Bitte selber ausfüllen, ich brauche Ihnen schließlich nicht jedes Wort in den Mund zu legen.) Mir ist danach, ich bin in Stimmung.

6) **Schildkröte**: Do you know the worst possible thing you can say to a Chinese person? To compare him (ihn zu vergleichen) with a turtle. The Germanic insult »Schweinehund« is very tame (zahm) by comparison, im Vergleich, as it has no real meaning, or do you know what a »pig-dog« is? Die Amerikaner, prüde wie sie (angeblich) sind, haben trotzdem die allerschlimmsten Ausdrücke, die z.B. auf intimen Verkehr mit der Mutter hindeuten. In anderen Sprachen gibt es das natürlich auch, z.B. im Ungarischen, aber dort ist es nicht ratsam, es zu sagen, sonst: you'll get a **punch on the nose** from the person whose mother you insulted (beleidigen). However, this has gone far enough now, too far in fact and **I draw the line** here, ich mache einen Punkt, ich ziehe einen Strich. I am not going to give you any further details. Bleiben wir also lieber bei pig-dogs und turtles.

Answers:
1) *characteristics, attributes, properties*
2) *The Three Wise Men*
3) *customize*
4) *twenty four seven*

The answer to the anagram about Clinton: To copula-te he finds interns. (Sorry about that! Aber wir sind doch entre nous.)

5

True lies

Über die Engländer haben schon viele geschrieben, gelästert, geschimpft, gelächelt, den Kopf geschüttelt, aber man hat sie auch gelobt, bewundert und vielleicht auch ein bisschen beneidet. Wir kennen ihre Tugenden und positiven Eigenschaften wie Pünktlichkeit (punctuality), Hilfsbereitschaft (readiness to help), Geduld (patience), Gelassenheit (**relaxed attitude**), Haltung (bearing), die Fähigkeit, in der Schlange zu stehen, ohne zu drängeln, patiently standing in the queue, without the need to push forward and be the first, Disziplin, Natur- und Tierliebe, Sport und Fairness als Geisteshaltung, Beständigkeit (consistency), Traditionsbewusstsein (**a sense of heritage**), Durchhaltevermögen (endurance), together with a little bit of humour and eccentricity.

Wenn man einen Engländer als Freund gewinnt – es dauert lange, aber dann hat man wirklich einen Freund. You‘ve **got** a friend for life! Sie stecken Ihre Nase nicht in fremde Angelegenheiten, sondern zeigen die berühmte Zurückhaltung (reserve); sie wissen nicht immer alles besser bzw. es ist unfein, seine von Gott gegebene Überlegenheit zu zeigen! Der britische Aristokrat, der Schloss und Yacht besitzt, redet ganz einfach von seinem Haus und seinem Boot. Sie lieben Wetten, they love betting and will bet on anything from the sex of the Prime Minister’s new baby to whether it will be a White Christmas. You bet!

Die Briten sind Insulaner und keine Continentals or Mainland Europeans. Kennen Sie bereits diese Geschichten? Der Engländer verabschiedet sich in Dover von seinem französischen Kollegen mit den Worten: »Have a good trip **back to Europe**.« Gute Fahrt zurück nach Europa! Zweitens, die unglaubliche Überheblichkeit einer englischen Tageszeitung: »Thick Fog Over The Channel – Continent Cut Off!« Fazit: Großbritannien war nie ein Teil von Europa! Oder höchstens nur zur Zeit des Urknalls, aber nicht nach der Trennung durch Eis und Meer. Man muss ein bisschen Verständnis für die Inselmentalität aufbringen. Man meint nämlich, dass das Land als Insel immer gut zu verteidigen war, na gut, vielleicht nicht immer, the country did not always defend itself very well, denn die Wikinger (the Vikings) und Normannen usw. sind trotzdem gekommen, aber später doch in zwei Weltkriegen hat die Tatsache, dass Großbritannien eine Insel ist, eine große Rolle gespielt. Most British people believe that geography was the real reason that Britain »won« two World Wars, jedenfalls zwei Weltkriegen widerstehen konnte. Auch als Insel mit strengen Quarantäneverordnungen breitete sich die Tollwut nicht aus (Tollwut = rabies [*reh-biis*], Aussprache wie babies). Auch ein Grund, stolz auf seine Insel zu sein. Dafür haben sie jedoch BSE, Mad Cow Disease, Rinderwahn mit großem Erfolg exportieren können! Ironisch gemeint, said **tongue in cheek**.

Festland-Europäer oder Continental Europeans haben ein ganz bestimmtes Bild von den Engländern. Die treffendste Aussage dazu, die ich mal gelesen habe, wurde von einem sehr berühmten »französischen« Freiheitskämpfer, freedom fighter, schon vor vielen

Jahren geäußert: »Ils sont fous, les Anglais!« Dieses Zitat stammt von Asterix. »Les Britanniques« o.Ä. hat er meines Wissens nicht gesagt. Die Schotten, Iren und sogar die Waliser haben es immer gewusst. **English is not British**. The English are »mad«, a little crazy, eccentric, certainly. Ein bekanntes Lied behauptet: »Only mad dogs and Englishmen go out in the midday sun.« In this well-known song, the mad dogs are presumably dogs with rabies und deshalb verrückt, und die erwähnte Mittagssonne wäre in Indien oder in anderen Kolonialländern, wo die Einheimischen ihre Siesta halten. Die Engländer eben nicht.

Das Bild der Engländer wurde auf jeden Fall nicht zuletzt durch Hollywood geprägt. Denken wir z.B. an Alec Guinness. Aussprache ***ginn**-ess,* das weiß doch jeder, nachdem dieses Getränk, das flüssige Gold (Sie geben mir schon Recht, das weiß ich doch, wir wissen beide, dass es schmeckt), überall in der Welt bekannt ist, braucht man eigentlich die Aussprache von Guinness überhaupt nicht mehr zu erwähnen. Alec Guinness spielte oft den **perfect gentleman**, he defined what it meant to be an Englishman. Sir Alec Guinness »filled the stage or screen with his presence«. This is real star quality. Er beherrschte jede Situation, ohne Gefühle zu zeigen. In one unforgettable movie *Lady L.* wollte the seductive, verführerische, Sophia Loren ihn unbedingt (aus Dankbarkeit) küssen: »Dickie, küss mich!«, worauf er mit poker face antwortete: »Auf keinen Fall!« **No sex please, we're British.** »Dickie« ist sowieso ein überaus dämlicher Name, meiner Meinung nach, **in my humble opinion.** (Stop! Redewendungalarm! »In my humble opinion« ist eine bescheidene Meinung von meiner Wenigkeit, my humble self.) Dickie is a pretty silly name for a man, don't you agree? It's okay as a name for your pet hamster or your budgerigar (Wellensittich). What's in a name? Wie Sie wissen, ist Dickie die Kurzform für Richard und so wurde z.B. aus bekannten Gründen der Staatsmann Richard Nixon »Tricky Dickie« genannt. Ziemlich respektlos und ganz was anderes, weil man hier sofort an Gauner oder Betrüger denkt. Herrlich nicht, was man alles mit nur zwei Wörtern rüberbringen kann?

Auch Rex Harrison in *My Fair Lady* – jetzt haben wir unsere Pygmalion-Geschichte wieder –, eine Wette war es damals, die Blumenverkäuferin Eliza Doolittle in eine perfekte Lady zu verwandeln. Die damaligen peniblen und zeitkritischen Beobachtungen vom Lästermaul George Bernard Shaw drücken die noch bestehenden Klassenunterschiede aus. I remember my last discussion about George Bernard Shaw, hier überhaupt nicht relevant, aber für mich at the time a fascinating experience. Ich saß in einem yellow cab with a taxi driver called Rick in downtown Wilmington, Delaware, USA, the home of all the millionaire chemical dynasties such as Dupont and Nemours. Das Auto war ohne Zweifel the dirtiest vehicle I have ever sat in und dafür zahlen müssen, and had to pay for, und zwanzig Minuten lang haben wir uns über die Lebenswerke von G.B.S. unterhalten. But I must not digress [*dai-**gress***] and so I shall not talk about American taxi drivers here in the middle of a chapter on British gentlemen, as **needless to say**, es ist überflüssig, das zu erwähnen, the two are **somewhat** different!

Die Liste der fiktiven englischen Gentlemen ist endlos: der elegante Brite James Bond, 007, licensed to kill, Sherlock Holmes, Meisterdetektiv, 221b Baker Street,

John Steed (the man with the **bowler hat** and **umbrella**) in *Mit Schirm, Charme und Melone«*, Mr. Higgins aus *Magnum*, Phineas Fogg wie von David Niven in *Around the World in 80 Days* dargestellt (übrigens auch eine Wette, go back to the first page of this chapter). Na ja, aber gab es da nicht auch andere kühle und beherrschte »Gentlemen«, wie den reizenden Jack the Ripper, den schizophrenen Dr. Jekyll und den für mich am furchterregendsten, den so unauffälligen Christie, diesmal ein »echter« Fall, der nette, unscheinbare Mann, der in 10 Rillington Place wohnte und die Leichen seiner weiblichen Opfer hinter den Tapeten in der Wohnung verborgen hatte? Sie wissen doch, wir haben sie **during our last trip** to London gesehen. Sie sind alle in Madame Tussauds Waxworks Cabinet in Euston Road in London zu bewundern. (If you have the time, that is, to **stand in the queue** in BE or to **get in line** in AE with all the fans who are waiting to see the Spice Girls.)

Auch dabei, wenn ich das richtig in Erinnerung habe, ist Sweeney Todd, The Demon Barber. Dieser nette Barbier hat mit seiner Rasierklinge seinen Kunden die Kehle durchgeschnitten, he cut their throats with his razor blade, dann wurden sie schnell in den Keller befördert, wo seine Frau ein gut gehendes Geschäft mit Fleischpasteten, meat pies, betrieb. Igitt! Mir stehen die Haare zu Berge, it still **makes my hair stand on end**. (Aber meat pies esse ich trotzdem gerne, wenn ich mich in the UK [*ju-keh*] aufhalte.)

Das Bild von den Engländern wurde also schon im letzten Jahrhundert von Jules Verne, Conan Doyle, Edgar Allen Poe, H.G. Wells u.a. geschaffen, in puritanischen, viktorianischen Zeiten, als Großbritannien noch eine Weltmacht war. Aus dieser angeborenen Überzeugung der Überlegenheit (angeboren hier: innate oder inherent, oder ganz einfach natural. Nur bei Krankheiten übersetzen wir angeboren mit »congenital«). From this natural feeling of superiority entstand eine gewisse Zurückhaltung, the famous English reserve. Man wurde zum Schweigen erzogen, auf die spätere Elite-Rolle im Leben vorbereitet, als weiße Herrscher in fernen Ländern. Die berühmten public schools mit ihren hochkarätigen Lehrkräften haben die kleinen Jungen zu Vize-Königen, Viceroy [***weiss-reu***], Gouverneuren und hohen Offizieren ausgebildet. Das erste Gesetz war ohne Zweifel, Abstand zu den Eingeborenen zu halten, **keep your distance**, nie vertraulich zu werden, nie mit Untergebenen zu plaudern. Selbstdiziplin als mächtigste Geheimwaffe.

Kein Mensch ist vollkommen, keine Nationalität ohne Macken, keine Landesgeschichte ohne dunkle Zeiten. You see, my dear Doubleyou, I have read all your letters to me, you wrote about such matters often enough. This certainly applies to the British Empire which began gradually to lose its splendour. A little bit later we can **get** (werden!) a little bit more romantic, we can look at some other aspects of the English character: Let's start with D.H. Lawrence (1885–1930), poet and prophet (*Lady Chatterley's Lover, Sons and Lovers, Women in Love*, I think you **get** the idea, Sie haben schon verstanden, um was es geht, auch gut wäre »**get the picture**«, sich ein Bild machen können). He wrote a poem about the English which is extremely nice, and I'm sure he didn't mean a word of what he wrote. In other words, eine totale Verhöhnung der Engländer, geschrieben von einem Engländer. Meines

Erachtens, in my opinion, in my view oder noch besser – **as I see it** – this Englishman was **mocking, deriding, scoffing at, making fun of** his fellow Englishmen. With his background of writing novels, Romane, revealing his passion and **intuitive perception.** (Hurra! Jetzt kann ich endlich mal Einfühlungsvermögen richtig übersetzen. Manche Wörter ziehen mich einfach magisch an. So because I like it, here it is again: intuitive perception.) Bekannt vor allem für seine damals scandalous Lady Chatterley, die feine Dame aus gutem Haus, die sich ihren Lover unter dem Personal aussuchte. Sie war bestimmt nicht die Erste und auch nicht die Letzte, die das tat, aber er war der Erste, der darüber schrieb. Folgendes Gedicht kann nur ironisch gemeint sein. Anyway, here it is, you can **judge for yourself**:

'The English are so nice,
So awfully nice (schrecklich nett).
They are the nicest people in the world.
And what's more, they're very nice about being nice
About your being nice as well!
If you're not nice they soon make you feel it.
Americans and French and Germans and so on
They're all very well,
But they're not really nice, you know.
They're not nice in our sense of the word, are they now?
That's why one doesn't have to take them seriously.
We must be nice to them of course,
Of course, naturally.
But it doesn't really matter what you say to them,
They don't really understand.
You can say anything to them;

Be nice, you know, just nice,
But you must never take them seriously,
They wouldn't understand,
Just be nice, you know! Oh, fairly nice,
But not too nice, of course, they take advantage,
But nice enough, just nice enough
To let them feel they're not quite as nice as they might be.

David Herbert Lawrence.

David Herbert, by the way, D.H. [*dii-**ehtch***] sollte man nicht mit Thomas Edward Lawrence T.E. [*tii-**ii***] (1888–1935) verwechseln, the soldier and scholar [***skoll**-ö*] und Motorradfahrer mit *Sieben Säulen der Weisheit* (his autobiography) und ja, logisch, dieser Typ wurde Lawrence of Arabia. Diesen Lawrence kennen wir schon, wir haben alle den Film gesehen! Als Landschaft nur Sand, wunderschöne Musik, and lots of camels. An evergreen (not the camels but the film). In fact, by coincidence, **just by chance**, zufällig, fängt gerade der Film im Fernsehen an. Yes, it's just starting, so I'm off to watch it. Are you coming with me? We can lie on the sofa and **put our feet up**, but you must promise me to be quiet when Omar Sharif appears on the screen. Swoon! [*swuuuuuuuun*], ohnmächtig werden, aber nicht wortwörtlich, sondern nur im übertragenen Sinne and in the nicest possible way. **Swoon** ist eigentlich Dauerzustand für die dämlichen oh-so-nice Frauen in einem Roman von einer der Brontë-Schwestern oder für eine Heldin in einer Barbara-Cartland-Story, die jedes Mal in Ohnmacht fallen, wenn ein Mann das Zimmer betritt. In every one of her **730 odd** novels, etwas über 730 Romane »seven hundred and thirty odd novels«.

Zahllose Filme kamen in den sechziger und siebziger Jahren aus den englischen Studios und man hat sich sehr mit den Klassikern beschäftigt, wie z.B. mit Agatha Christie und ihren netten bobbies on bicycles. This, by the way, was also about the time of Benny Hill, and if you remember Benny Hill, or if you **admit to knowing** who he is, then you are older than I thought! Wir haben die schrullige Miss Marple als weibliches Pendant und, last but not least, haben wir Edgar Wallace, heiß geliebt und bewundert hier in Deutschland und in England fast unbekannt! Wieso? Wahrscheinlich ganz einfach, weil er ein ganz kleiner Fisch ist, »**small fry**« im Vergleich zu la grande Dame Agatha Christie, die 25 Jahre nach ihrem Tod immer noch vier Millionen Bücher per annum umsetzt.

Hauptbestandteil der meisten englischen Krimis damals war jede Menge Nebel, fog. Fog jedoch, wie die Sprache selbst, bleibt nicht beständig. (Beständig hatten wir schon, I'm sure you remember the word consistent.) It‘s time to get up to date because after all (schließlich) and for some considerable time now, there has not been any fog nor smog over the Thames. This really was a turn-of-the-century phenomenon, when the Industrial Revolution was in full swing. Aus den Zeiten, in denen die Industrie Hochkonjunktur hatte. Nebel passt hervorragend in a story by Charles Dickens, but nowadays there is much more fog to be seen locally here in Germany. Glauben Sie mir!

Charles Dickens died in 1870. Sein Meisterwerk *A Christmas Carol*, der wohl größte Weihnachtsklassiker aller Zeiten, was written in 1843. We have moved on a little since then. »We« means you, me and the rest of the world. This story seems to appeal to young and old. The mean (geizig) old man who doesn't want to celebrate Christmas and the poor family of Bob Cratchitt who can't afford to. Der Name seines Antihelden Ebenezer Scrooge steht sogar für jemanden, der jeden Pfennig zählt, einen Geizhals, a miser [*mei-sö*] until, of course, his eyes are opened and **he sees the error of his ways**. Jedes Jahr in der Adventszeit freue ich mich darauf, den Film oder das Theaterstück anzuschauen. Es gehört einfach dazu and I **look forward to** it immensely. Dickens hat wohl Weihnachten erfunden! A **Dickensian Christmas** erwärmt uns das Herz. What's it all about? The true meaning of Christmas, peace on earth and goodwill to all men. And I just love a happy end, don't you?

*

Christmas has come and gone. Now its New Year's Eve and just like every year, wie jedes Jahr, the same procedure as last year, you and I, we are sitting here, watching *Dinner for One* im Fernsehen. Like Edgar Wallace, this »German classic« ist ebenfalls in England fast unbekannt. Das überrascht Sie? This little sketch wurde schon vor ca. 40 Jahren auf der Bühne gespielt, hat aber leider den Herren der British Broadcasting Company gar nicht gefallen. Sie haben damals keine Filmaufnahmen gemacht. Das Bühnenstück wurde 1962 von einem deutschen Sender aufgenommen (at the insistence of Peter Frankenfeld und Heinz Dunkhase, die darauf bestanden) and **it has been around** (existiert, besteht, ist im Umlauf) **ever since**. It is in the Guinness Book of Records as the most often repeated TV programme in the world. Beliebt auch in Denmark, Finland, Italy, Belgium, Spain, Iceland, Australia, USA, Bulgaria and Austria. The strange thing is that kaum einer in Großbritannien das Stück kennt! Einige Briten kennen zwar den Hauptdarsteller, Freddie Frinton, der in den fünfziger Jahren wegen seiner Rolle als Trunkenbold (drunkard) berühmt wurde, aber die wenigsten kennen *Dinner for One* (es sei denn, sie waren gerade an Silvester auf Besuch in Deutschland or in one of the above named countries).

Ich glaube, mal gelesen zu haben, dass Freddie Frinton in Armut und Einsamkeit gestorben ist. What a pity. Er hat so vielen Leuten so viel Vergnügen bereitet. He was never able to enjoy his later success, even though he gave **so much pleasure** to **so many people** (*much/many – hier ein Wink mit dem Zaunpfahl, **a broad hint***). He was a hardworking artist in a Variety Theatre in Nordengland. Knochenarbeit könnte man sagen, Vorstellungen dreimal täglich und diese immer ausverkauft, aber von besserwissenden Theaterkritikern weder als Literatur noch Kultur bewertet und im Prinzip ignoriert, nicht erwähnenswert, **not worth mentioning**, this entertainment for the masses, for the working classes.

Wer die einmalige Stadt Blackpool im Nordwesten von UK kennt, weiß, wovon die Rede ist. Es ist das britische Rimini ohne Sonnenschein, Las Vegas im Kleinformat, dafür mit Oktoberfeststimmung und mit unglaublich vielen one-armed-bandits, slot-machines, Spielautomaten ohne Ende, mit zahllosen Möglichkeiten, das Geld schnell loszuwerden. This place really must be seen to be believed! It is so popular amongst the British, that **there is absolutely no need** for Blackpool to attract visitors from other countries. In season, all the thousands of beds are always full anyway, jeder vermietet seine Abstellkammer an holidaymakers and you cannot move on the streets because they are so crowded. Alle lassen es sich gut gehen. Aber nur zwei Wochen lang, the annual holiday. Danach fängt der Ernst des Lebens wieder an.

When »Dinner for One« was performed, times were hard. Times are still hard. Perhaps the English themselves were no longer **interested in**, **amused by** this outdated idea of the lady and her butler? Alter Hut? Maybe the idea of the butler getting drunk was not acceptable? Gehört sich nicht? Who knows? Let's not worry about it, let's just drink to the health of Miss Sophie and to the same procedure as every year! Happy New Year!

Das Wort »Silvester« kennt übrigens keiner auf den Inseln, der Abend des 31.12. heißt einfach **New Year's Eve** überall im Vereinigten Königreich, zusätzlich auch bekannt als »Hogmanay« in Schottland. The Scottish are particularly **good at** and **enthusiastic about** celebrating New Year's Eve. (Good at, enthusiastic about sowie interested in, amused by, *Sie müssen selbst aufpassen, dass Sie auch die Präpositionen mitlernen. Prepositions make everyone feel uncomfortable, it's a fact of life and I'm afraid it's up to you.*) Dort wird viel getanzt und trotzdem bleibt es ein Geheimnis, was der Schotte unter seinem Kilt trägt. Maybe next year we could go there together, you and I? Wieso? Na ja, unter anderen könnten wir dieser Frage nachgehen. How about it, let's **shake a leg**, das Tanzbein schwingen, and do the »Highland Fling« bis Mitternacht. Dann stehen wir alle im Kreis, Händchen haltend, und singen »Auld lang syne«, ein schottisches Lied, das auch von den

Sassenachs übernommen worden ist. (Ganz ruhig bleiben – Sassenachs erkläre ich Ihnen gleich. Sie müssen wirklich aufhören, panikartig nach dem Wörterbuch zu suchen, jedes Mal wenn ich ein Wort schreibe, das Sie nicht kennen!) Haben Sie es bemerkt? Jetzt lernen wir auch Schottisch, Hogmanay für New Year's Eve und Sassenach, das gaelische Wort für einen Engländer (ein »Sachse«, sozusagen). Auld lang syne ist etwa »old long since«, ein Gedicht zu Ehren vergangener Zeiten. Now armed with, ausgerüstet mit, this information, **we can have a jolly good time** in Scotland!

*

Good morning!

Hope you enjoyed it as much as I did last night ...
May I continue now? Zum Thema, on the subject of the English Gentleman. Many things have changed. Mr. Typical Brit is more Mr. Bean than Mr. Bond and is **more likely to be** found at Ballermann 6 than at the Stock Exchange. Leider. »More likely to be found«, sehr schöner Satzaufbau, nicht wahr? Sehr wahrscheinlich. The British »lager louts«, so heißen sie tatsächlich in der englischen Presse, die so genannten »Pils-Rowdys«, die sich zwei Wochen Pauschalurlaub in Spanien gönnen, denn erstens ist dort das Bier zwar schwach, dafür aber billig, und zweitens gibt es eine Garantie für Verbrennungen dritten Grades, third degree burns and last but not least, wenn man im Ausland ist, glaubt man, sich nicht anständig benehmen zu müssen, da Ausländer schließlich keine Landsleute sind. Lobster red (hummerrot) and totally drunk (besoffen, vergessen Sie bitte sofort Ihr »drunken«, das

Wort ist **drunk**) on a Spanish beach, they represent a new generation of subjects of Her Majesty. (***Her** Majesty, so wie **God** and all references to **Him**, wird selbstverständlich immer groß geschrieben.*) Weit und breit ist kein Nadelstreifenanzug mehr zu sehen, no pin-striped suit **in sight**, nicht einmal ein tweed jacket.

These lager louts (Aussprache *au* wie im deutschen »laut« und daher leicht zu merken) can, of course, also be »hooligans« (Neudeutsch Hooligan!). The original Hooligans, das war eine Familie aus Ireland; Mr. and Mrs. Hooligan and the kids. Die zahlreichen Kinder aus äußerst armen Verhältnissen haben so viel Unfug und Unruhe gestiftet, dass der Familienname zum Begriff dafür geworden ist. Mir fällt hier auch noch ein ähnliches Beispiel ein, dass ein Familienname in die deutsche Sprache aufgenommen worden ist; es geht um einen gewissen Mr. Boycott. Der Engländer Boycott war als Gutsverwalter in Irland tätig. Damals wurde die ganze Insel von Großbritannien regiert und die Menschen wurden »nicht immer gut behandelt«. Pause here for **L**aughing **O**ut **L**oud (shortened to LOL in E-Mails and Internet chat) about this understatement. The British were in fact cruel, hated and caused the death of hundreds of thousands of Irish or forced them to emigrate to USA. **Hardly surprising** that the Irish and the English are still not the best of friends. Anyway, mit diesem Mr. Boycott wollte kein Mensch (kein Ire) Umgang haben und man zwang ihn schließlich dazu, Irland zu verlassen, boykottierte ihn also.

Interessant ist für mich die Tatsache, dass die Amerikaner mit Ihren Hooligans ganz anders umgehen. Es mag sein, dass man in den Staaten auch solche asozialen Familien hat und von solchen Verbrecherbanden haben wir ja auch schon gehört. Der große Unterschied jedoch besteht darin, dass die Amerikaner ihre Hooligans nicht nach Europa exportieren. **Touch wood!** Wir wollen es nicht beschreien. Dort kommt man in Besitz einer Flasche Bourbon, indem man eine Tankstelle überfällt und den Pächter mit einer sawn-off shotgun erschießt, aber dieses bleibt »The American Way«. Wir dürfen vielleicht froh sein, dass viele Amerikaner von Europa keinen blassen Schimmer haben. They **do not have the foggiest idea**, they **do not know the first thing about** Europe. After the election (election? LOL) of George Bush to the Office of President, the »most powerful man in the world«, this state of affairs is certainly **not likely to** change, höchst unwahrscheinlich. (**State of affairs** ist hier Stand der Dinge und hat nichts mit affair im Sinne von Liebelei zu tun.)

Um die wachsende Kriminalität einigermaßen in den Griff zu bekommen, gibt es in Großbritannien die mittlerweile bekannte flächendeckende Videoüberwachung. »Big Brother is watching you!« (Predicted by George Orwell (1903–1950) in his famous vision of the future »1984«. I bet you didn't know that this political novelist and satirist wrote under a pseudonym and that Mr. Orwell's real name was Eric Arthur Blair! As in Tony Blair.) Neben Videoüberwachung gibt es in UK, in the United Kingdom, auch ein Überwachungssystem, das sehr gut funktioniert. Es heißt »Neighbourhood Watch«, a scheme by which residents in a district form a voluntary organisation, freiwillig, ehrenamtlich and in co-operation with the police, in Zusammenarbeit mit der Polizei, the intention being to prevent crime by **keeping an eye on** each other's property, reporting suspicious [*sass-***pisch***-öss*] (verdächtig) activities etc. To some people however, with true British reticence (Zurückhaltung) about interfering, mit den typisch britischen Bedenken, sich in die Angelegenheiten von anderen einzumischen, this is simply a wonderful opportunity **for nosy parkers** to **poke their noses into other people's business**. Ja, eine wunderbare Gelegenheit, überall die Nase hineinzustecken. Sprichwort: »**Curiosity killed the cat**«. Sich einmischen ist nicht erwünscht, zu viel Neugier ist tödlich, fatal.

Whew! (Ausruf des Estaunens oder der Erschöpfung! Aussprache ein bisschen wie *few,* aber ausgeatmet und gezischt.) So, das waren einige Bemerkungen von mir über die Briten heute »in a nutshell«. Anderswo füllen solche Bemerkungen ganze Bücher, aber wer hat Zeit und Lust, das alles zu lesen? Wir befassen uns nach wie vor mit dem Gröbsten, mit den aktuellen und hoffentlich oder leider Gottes für uns wichtigen Sachen. After all that **cerebral activity** teilen mir meine grauen Zellen mit, that I am feeling rather drowsy [***drau***-*sii*], schläfrig, and it is time to get out into the fresh air. I shall go for a walk, meander [*mii-***ænn***-dö*], amble [***æm***-*bl*] along at a tortoise pace, schlendern im Schildkrötentempo, Hauptsache, weg von hier. But only for a short while, so please don't go away for too long, as, in the words of one of the most famous figures of modern culture: »I'll be back.« (*Terminator* alias Arnold Schwarzenegger, part one, two, three, four etc.)

All my love as always ...

Hello again!

Just as there are some outdated (veraltet) but persistent views on the British, I don't think it comes as a surprise to most Germans that the rest of the world and specifically, of course, Great Britain has fixed ideas about the German character. Unlike the Americans, who imagine the whole of Germany to be a picture postcard mixture of Oberbayern and Austria, namely Lederhosen and Dirndl, beer and sauerkraut, the British stick to their stereotypes and **the more** stereotypes, **the better** (je mehr ..., desto besser, vgl. »**the more, the merrier**«).

We feel comfortable with our stereotypes. The underlying question is, die Grundfrage ist: Do we want to accept the new facts, or is it better to have our old prejudices confirmed, bestätigt? Es ist so, wie wenn wir um Rat bitten: Der normale Mensch bittet eigentlich nur um Rat, um seine Meinung bestätigen zu lassen. We only **ask for advice** in order to have our own opinion confirmed. So ist es mit Vorurteilen. Wenn wir diese alten Vorurteile bestätigen wollen, sieht man die Deutschen als, the Germans are regarded as punctual and efficient followers of regulations, **i.e.** law-abiding [*lohr-ab**bei**-ding*], who have a clean country and no sense of humour! (*i.e. kennen Sie schon, oder? i.e. steht für id est und bedeutet das heißt, d.h.*)

Well, for me I can confirm this to 50 percent. Yes, they are punctual (usually, but there are always, of course, »**exceptions to the rule**« and these exceptions would seem to include just about all my friends!). Wird man um 15:00 Uhr zum Kaffee eingeladen, if you are invited to coffee at 3 o'clock in the afternoon, the coffee is already in the cups on the table along with spectacular home-made cakes und unbelievable amounts of **whipped cream**. (In der Englisch sprechenden Welt peitscht man die Sahne, statt sie zu schlagen.) In der Regel ist ein Termin notwendig, you must have an appointment because, as a rule, you cannot just **drop by** im Sinne von einfach vorbeischauen, auf einen Sprung, and you don't go **empty-handed**, mit leeren Händen. Ein Mitbringsel is required. A gift for your hostess. Flowers are perfect, of course. If you arrive a few minutes late, then tough (hier ignorieren wir lieber die Rechtschreibung, die Aussprache ist, wie Sie wissen, *tuff*, die Bedeutung etwa »Pech gehabt«). Follow the rules or you may never **get** invited back again.

As to the legendary German efficiency ... efficient? No way. Not in my experience. This is just a myth, a generalisation, eine Verallgemeinerung, but it is a persistent one. An article in *Time Magazine* (by Richard Lacayo) about Elton John's collections, first of records – [*ell-piis*] – then of photography: »As a teenager Elton bought rock records extravagantly, then organized them **with Prussian efficiency**, filing them by record label and catalog number.« Now I am sure that most people would be able to find many words to describe Sir Elton John, another crazy British rock star/gay, schwul/ex-drug addict/ex-alcoholic/now millionaire do-gooder, aber ich wäre nie auf die Idee gekommen, I **would never have thought of comparing** him with Kaiser Wilhelm! (*Bitte das Fettgedruckte nochmals lesen, am besten laut sprechen. Sie wissen ja warum, otherwise **I would never have thought of asking** you.)* Is there a problem? Sometimes you really are inflexible, my dear. This is, I'm afraid to say, another »typically German« characteristic! Try being a little more flexible and **play it by ear**!

Efficiency seems to be a case of simply following the rules. The only real result of all the regulations, Vorschriften, Verordnungen, Regelungen ohne Ende, is a state of total incompetence caused by so much **buck-passing** until the relevant official has consulted the relevant paragraph in the relevant regulations. Der zuständige Sachbearbeiter kann absolut keine Verantwortung übernehmen, es sei denn, er hat die entsprechenden §§§ schwarz auf weiß vor sich. Bis dahin schiebt er die Verantwortung auf einen Kollegen und schikaniert den Antragssteller, **applicant**, ohne Gnade, without mercy. »Wo krieg' ich einen Antrag zur Erteilung eines Antragsformulars zur Bestätigung der Richtigkeit des Durchschlagexemplars?« ... (frei nach Reinhard Mey) Oder nach Erich Kästner: »Von der Wiege bis zur Bahre, Formulare, Formulare« – from the cradle to the grave. Die Schweizer sollen noch schlimmer sein? The Swiss are said to be even worse. (No, not »still worse«, **even** worse is absolutely correct here.)

And as for having no sense of humour – stimmt doch gar nicht. Boris Becker fragte lediglich: »Bin ich schon drin?«, und Deutschland lachte sich kaputt. Sich kaputt lachen? Some expressions from Roget's Thesaurus: beginning with raising a smile through to have them rolling in the aisles [*eils*]. Von einem sanften Lächeln bis zu Bauchschmerzen. »**To have them rolling in the aisles**« ist ein Audruck aus den Zeiten des großen Varieté-Theaters. Während einer gelungenen Vorstellung hat das Publikum, the audience, sich gebogen vor Lachen, determined to have a good time, to **paint the town red,** und es hatte keine Hemmungen damit, in den Gängen zwischen den Sitzreihen auf dem Boden zu liegen. Roget listet auch u.a. auf let your hair down, drop your dignity, clown around, poking fun, laugh at yourself before you laugh at others, shrieks of laughter, giggles, grinning from ear to ear.

If I were asked for ONE word to describe the German character, eine Eigenschaft, die für eine große Mehrheit der Briten als »typisch deutsch« gilt, **rightly or wrongly**, I would probably say **meddlesome**. Bevor Sie wieder zum Wörterbuch greifen, erkläre ich, was ich damit meine. To meddle is really another word for to interfere. Mein Wörterbuch schreibt »sich unaufgefordert befassen, sich ungefragt einmischen«. Der Eindruck besteht leider, dass sie sich einmischen, weil sie es besser wissen, bzw. sie meinen, es besser zu wissen. »Bevormunden« ist evtl. zu brutal und lässt sich auch schlecht ins Englische übersetzen, denn nur mit »patronize«, das in meinem sonst so schlauen Wörterbuch dafür steht, ist nicht alles gesagt. »Patronize« kann auch sehr positiv sein, im Sinne von fördern oder beschützen, und muss nicht unbedingt diese eher negative Eigenschaft ausdrücken. Herablassend, **condescending,** ist auch nicht genau das, wonach ich suche, as this looking down your nose at others but saying nothing is more a British **character trait**. Mit anderen Worten, auch wenn die Briten etwas besser wissen, sagen sie nichts, die Deutschen hingegen meinen, alles besser zu wissen, und sagen es auch!

Die kulturellen Unterschiede spielen hier natürlich eine große Rolle, da der Sprachschatz selbstverständlich durch Geschichte, Tradition, Gesellschaft und way of life geprägt ist. Wie in dem allgemein bekannten Beispiel, dass die Eskimos angeblich 40 verschiedene Wörter für Schnee haben, Pulverschnee, nasser Schnee, frischer Schnee, Eisschnee, guter Schnee, schlechter Schnee etc., oder was auch immer. Der Eskimo tut sich bestimmt schwer, wenn er sich mit einem aus Hawaii unterhält. Der Hawaiianer hat vermutlich mehrere Wörter für Vulkanerde, hat aber keine Ahnung, was Schnee ist. (*Deshalb finden Sie in diesem Buch nur teilweise wortwörtliche Übersetzungen, da viele Begriffe nur sinngemäß übersetzbar sind. Lernen Sie bitte zu umschreiben und bleiben Sie bitte nicht bei einem Wort hängen.*)

Nun habe ich bereits einen ganzen Absatz mit dem Versuch verbracht, Bevormundung o.Ä. ins Englische zu übersetzen, ohne Erfolg. Ich denke schon, dass man es (meistens!) gut meint, aber es entsteht im Ausland der Eindruck, die Deutschen seien etwas arrogant und eingebildet. **Funnily enough**, komischerweise kenne ich solche Typen persönlich nicht, aber irgendwie wissen wir doch alle, dass sie irgendwo da draußen sind, oder? Logo, es sind immer die anderen!

In einem amerikanischen Film, the college professor was trying (*bitte die Verlaufsform im Englischen merken, da der Versuch ziemlich lang gedauert hat*) to teach English language and literature to some US army recruits. He made Shakespeare wildly exciting and sexy which I'm sure it was, and I'm sure Shakespeare intended, until it was »gentrified« by do-good puritanical scholars of English. He, the American adult education professor in the film, also gave some examples of oxymorons to his »difficult« students (difficult can be translated here as strohdumm, if you remember about euphemisms), i.e. the juxtaposition of seeming contradictions or opposite meanings, widersprüchliche Zusammensetzungen wie z.B. schön hässlich, häufig selten. As one of my fellow writers (!) once said, e.g. »Faith unfaithful kept him falsely true« and »**Parting is such sweet sorrow**«.

My personal favourite oxymoron in our times is »**military intelligence**«, ha ha, and I am just about to **top it** (übertreffen) with this example: »the German gentleman«. Ein totaler Widerspruch. Und bevor Sie sich aufregen und sich verteidigen wollen, my dear, überlegen Sie einfach, wann Sie mir das letzte Mal die Tür aufgehalten oder am Flughafen mir meinen Koffer zum nächsten Gepäckwagen, baggage trolly, getragen haben, mir in den Mantel geholfen sowie einer alten Dame Ihren Platz im Bus, in der S-Bahn oder Underground angeboten haben ...

Ladies first? Wann war auf der Autobahn das letzte Mal, the last time you were flashed out of the way by a female person driving a so-called **people carrier** full of kids, ein Großraumfahrzeug, e.g. Chrysler Voyager, Renault Espace oder VW Sharan? It just doesn't happen, does it? As far as I know, »lichthupen« is a male phenomenon. The driver of a big, fast car used to also have a cell phone glued to his ear, but at least we don't have this situation any longer as the new laws regulate for **handsfree** telephoning only. By the way, Americans have **cell phones**, the British usually have **mobile phones** and in Deutschland gibt es Handys.

»Lichthupe« is not so easily translatable, »driving with flashing headlights« maybe. In Britain and America there are more than enough other examples of

road rage. Wortwörtlich heißt es »Straßenwut« und diese Worte sind auf jeden Fall verständlich, auch wenn man bei dem Syndrom nur verständnislos den Kopf schütteln kann. Why do we allow ourselves to get so out of control? Anscheinend kommt bei manchen gestressten Fahrern so eine Wut auf, dass sie aus ihren Autos steigen und handgreiflich werden. Boxkampf um den Parkplatz, Ohrfeige, a slap in the face or a punch on the nose wegen zu langsamen Fahrens. Man hat einen wichtigen Termin und »muss« bumper-to-bumper fahren, Stoßstange an Stoßstange, and everyone in front of you is an idiot, of course, who shouldn't ever have been given a driving licence and who must **get out of your way**, right now. There is also an American expression, »**tailgating**«, wenn man praktisch im Kofferraum vom Vordermann fährt. Tailgate ist auf Amerikanisch das Heck vom Kombi, ansonsten hat der Wagen einen Kofferraum, a **trunk** in America, wozu die Briten **car boot** sagen.

For the moment, however, mein Gift ist verbraucht, I **have run out of** poison for the time being, so I shall return to being my usual sweet self! More or less.

Well, actually, there is just one more thing ...
Another German trait or distinguishing feature (Charakterzug) of the German nation is the »Teutonic too-muchness« described by Bob Larson in his book *Getting along with the Germans*. Everything must be first class, for a sporting holiday for example, ça veut dire, the very best equipment and a three month training course beforehand. This is definitely a very different attitude than the British **defeatist attitude** »**it'll do**« (passt schon). Dieses Wort **attitude** für »Einstellung, Haltung« ist zurzeit ein Modewort aus USA.

Dort kann man zum Beispiel fragen: »Do we have an attitude problem here?«

It is also a peculiar (eigenartig) British trait that the »dear« British always favour the **underdog,** den Unterlegenen, den Benachteiligten. If there is someone in a competition who **doesn't stand a chance**, wenn er keine Chance hat, then you can be sure that all the British public will support him. In diesem Fall also darf man Mängel zeigen, Fehler haben, um erst dann das britische Publikum für sich zu gewinnen. Anders ist es hier in Deutschland, wo man als Nr. 2 schon abgeschrieben wird, nicht mehr von Interesse ist, da nur numero uno, **No.**1 zählt.

Zugegeben, admittedly, habe ich mit einigen negativen Beispielen angefangen. Natürlich gibt es sehr viel Positives, but this wouldn't be half so interesting or amusing to read! Just to restore (wiederherstellen) the balance, here is one example, the thing the Germans are best at, ein großes Lob für das, worin die Deutschen Weltmeister sind: Mülltrennung! Hier in Deutschland sind wir alle **squeaky clean**, sortieren pflichtbewusst unseren Abfall, our rubbish (BE) or garbage (AE), bis alles letztendlich wieder zusammen auf der Deponie landet. Die Briten halten nicht so viel von Mülltrennung, warum auch, wenn sie sowieso alles in die Nordsee werfen!

With fondest regards
Doosie

PS: Übrigens and by the way, please note you have just read a whole chapter on the Brits and the Krauts **without even one word,** kein einziges Wort, about football. I think we should **leave it at that**. »Ich habe fertig!«

*

Das obige Postscriptum war berechtigt, denke ich, als eine Masche (dodge or ploy or trick), man muss schließlich alle Taktiken anwenden, um die Leser wachzurütteln. Heutzutage ist ein PS technisch überflüssig, da man sowieso mit einem Textverarbeitungsprogramm arbeitet. **Superfluous** because das, was uns nachher einfällt, können wir sofort an der richtigen Stelle einfügen. Einfügen in computer-speak is to **paste**. Hello, computer people! Are you still out there oder haben Sie doch Ihr Laptop wieder herausgeholt? Bedienungsanleitung von mir: »Sie haben nun die Möglichkeit zu updaten. Dieser Vorgang geschah automatisch mit dem Kauf dieses Buches, denn sonst könnten Sie diesen Text nicht lesen. Aktuelle Doosie Releases werden in der Regel immer mit den derzeit aktuellen Plug-Ins zur Erweiterung ihrer Englischfähigkeiten ausgeliefert!« Keine Ahnung, was das bedeutet, aber damit sind wir wieder **up-to-date**.

Review

No more passing the buck (siehe oben). The buck stops here. Now it's your turn.

1) **Regenschirm und Melone:** An easy one for you.

....

2) **Betrunken/besoffen:** Es gibt unglaublich viele Ausdrücke für diesen Zustand, wie z.B. legless (versteht sich, ohne Beine), drunk as a skunk (weil es sich schön

reimt mit dem Wort für Stinktier), pissed as a newt (für diesen unfeinen Ausdruck habe ich keine Erklärung! Wenn Sie es unbedingt wissen wollen, »newt« heißt Wassermolch, also, vielleicht hilft es uns doch weiter), inebriated [*inn-**ii**-brii-eh-tid*], ein sehr vornehmes Wort für betrunken, tired and emotional (angeblich mal die Ausrede eines Abgeordneten im Parlament). Hinweis: Brits are often drunk because they have to drink too quickly. (Ja, sie *müssen* nicht, tun es aber.) This is a consequence of **pub closing hours**, the so-called licensing laws. These have been changed, but still **old habits die hard**. Theoretisch hat der Wirt mehr Flexibilität, was seine Öffnungzeiten betrifft, und trotzdem hat Tradition Vorrang or, as the Americans say: »If it ain't broke, don't fix it!«

3) **Vorurteile:** Ich gebe es zu, das Wort wurde im Text nicht hervorgehoben, Sie müssen aber trotzdem aufpassen, wenn Sie etwas lernen wollen.

4) **Telling the time:** It is usual to use the 12 hour clock only, e.g. 4 o'clock. Wenn es sein muss, füge ich »in the afternoon« hinzu, aber meistens ist es überflüssig. Wenn man zu Ihnen sagt, kommen Sie um 4 Uhr zum Teetrinken, würden Sie Ihren Wecker nicht auf 03:00 Uhr stellen, um pünktlich um 04:00 Uhr anzukommen. Es versteht sich, 4 o'clock is 16:00 Uhr. The 24-hour clock benutzt man z.B. bei einem Stundenplan oder Fahrplan wie e.g. [ii-**dji**] Start eines Flugzeugs, das rund um die Uhr abfliegen könnte.

5) Und noch ein Tipp: In der Schule lernt man *half past*, *quarter past*, *quarter to* etc. Heute jedoch hat fast

jeder sowieso eine digitale Uhr, man kann also auch 3.30 Uhr als **three thirty** sagen, nicht unbedingt half past three, für halb vier! Easy, isn't it or, to use a well-known phrase (well-known in diesem Buch bedeutet »hatten wir bereits«), »**it's easy, when you know how!**«

6) **Humour/humor:** In principle the Americans have made life easy for themselves and must really be admired for it, no **stick-in-the-mud** British conservatism here. The »u« is not pronounced, so you don't need it to spell favor, color, endeavor and lots more examples.

7) **Wellensittich**: Just because it's not the least bit important, can you remember the word for Wellensittich?

Answers:
1) umbrella and bowler hat
2) drunk
3) prejudices
6) budgerigar or colloquially, in der Umgangssprache: budgie

6

A nice cup of tea

I must tell you, my dear, that **I have just returned** from Philadelphia. Ein »alter Freund«: **the present perfect**. Hier ein klassisches Beispiel dafür, Signalwort »just«, also ich bin zwar wieder zu Hause, die Reise ist vorbei, aber trotzdem ist mir die Sache unheimlich wichtig, brandneu, topaktuell, hence the use of the present perfect in British English. Jetzt kommt meine große Überraschung für Sie: in American English ist es gar nicht so tragisch, wenn man »have« weglässt: »I just told you«, »I just did it«, sagen die Amerikaner. Schade eigentlich, man quält sich jahrelang im Englischunterricht mit dem present perfect und dann ist es doch nicht so wichtig! Wichtig ist es nur, um Lückenübungen in englischen Lehrbüchern auszufüllen sowie Englischprüfungen zu bestehen, aber absolutely irrelevant for conversation. Vergessen Sie es!

Anyway, when I was in Philly I drank endless cups of coffee, all day, every day. Everyone, surgeons, security guards, shop assistants, office personnel, people waiting for trains, they all walk around clutching a polystyrene (Styropor) cup of coffee (hier clutching = festhalten. Nervous ladies also **clutch** their handbags und daher gibt es auch in der Mode die »clutch bag«, eine Handtasche ohne Riemen, nur zum Festhalten bzw. unter den Arm zu klemmen, statt über die Schulter zu hängen, da diese logischerweise **shoulder bag** heißt). Well, at Frankfurt Airport, waiting for my onward flight home I thought, now is the time for a nice cup of tea. How wrong I was. Lieblos wurden mir ein Teebeutel und so genanntes heißes Wasser in einem Steingutbecher ausgehändigt. Dafür durfte ich DM 5,90 bezahlen.

No, no, no. This is scandalous! To make a really good cup of tea, what You definitely do not do is to throw a teabag with a string and a label into a thick stoneware mug of warm water. Na gut, es hätte noch schlimmer sein können, ein Einwegbecher aus Kunststoff, zum Beispiel. Let's do this properly and start from the beginning. First of all you need water, a source of heat to boil the water, a teapot and a fine porcelain tea cup, tea leaves of plants with the family name »theaceae« (other teas such as herb or fruit teas may be quite pleasant, but they are simply »not British«!), ordinary milk, not cream, and white sugar to taste, a spoon, plus time and a love of quality. Now we can proceed.

Most important, of course, is the water. It is reported that Her Majesty the Queen always takes her own tea and water with her when she goes on her travels. Recht hat sie! **Even though** (auch wenn) I don't suppose she often stands in the self service queue at Frankfurt airport. Dort habe ich die Liesl auf jeden Fall nie gesehen. Because of the water, tea always tastes differently in different places. Das Wasser in Großbritannien enthält Jod. Meine persönliche Theorie, drum schmeckt es dort so gut. Außerdem leiden die Briten nicht an Schilddrüsenkrankheiten. Isn't it interesting, my dear, dass jedes Land seine landeseigenen Krankheiten hat? Ich glaube, die Briten sind Weltmeister in Rückenproblemen, die Franzosen haben – wer hätte das gedacht – Probleme mit der Leber und die Deutschen, ja, die Deutschen ... Das erste Wort **which comes to mind,** das mir einfällt, ist Kreislauf. Problems of the circulatory system kennt sonst keiner. Um nicht in Ohnmacht zu fallen, to faint, messen sie alle fünf Minuten ihren Blutdruck. **Take it easy**! Sie sollten mehr Tee trinken (siehe unten). For a good cup of tea muss man schon ein bisschen herumprobieren, bis Wasser und Tee zusammenpassen.

Und jetzt die Teekanne; Mrs. Britannia loves her teapot. Aluminium (BE Aluminium, AE Aluminum) is not a good material for a teapot, in fact Alupfannen und -töpfe, auch wenn sie so schön glänzen, sind nur gut zum Ausstellen, aber zum Kochen nicht geeignet, not suitable for cooking. For tea, porcelain or stoneware are much better and don't tell this to anyone, please, sagen Sie es bitte nicht weiter, but some households never clean their teapots inside (igittigitt), they are just rinsed out with boiling water before making the next pot, which is probably about one hour after making the last pot. Nur ausgespült, da man das Spülmittel angeblich schmeckt.

The medicinal value of tea is taken very seriously by the British. If you are tired, drink a cup of tea to wake you up. If on the other hand you are excited and nervous, then drink a cup of tea to calm you down. Old ladies who feel **dizzy** (schwindlig) in shops are always offered a cup of tea. You can go into a drug store or pharmacy in Britain at any time of the day and you will always find a dizzy old lady sitting there drinking tea! Tea in winter warms you up. Tea in summer cools you down. Unexpected visitors are invited to sit down and wait till »the kettle boils« so that they can have a nice cup of tea. Leisurely sipping is **called for** here, schlürfen Sie in aller Ruhe, nur Bauarbeiter, builders on construction sites, have »tea breaks«, where they »grab a cup of tea« (auf die Schnelle Tee trinken), before and during work. Whatever the circumstances, a cup of tea is essential. Tee ist ein Allheilmittel, an allround cure, an all-purpose remedy. There is a children's nursery rhyme [*reim*] which instills the importance of tea at an early age:

»Polly put the kettle on,
Polly put the kettle on,
Polly put the kettle on,
We'll all have tea.«

Na ja, kein literarisches Meisterwerk, aber immerhin **a way of life**. »Indoctrination« ist das Wort dafür. Mehr als Belehrung, Unterweisung, bis es richtig in Fleisch und Blut übergeht. Pretend to be interested, please (tun Sie bitte so, als ob Sie das wahnsinnig interessiert, da ich noch nicht fertig bin), as I have not finished yet. Nicht vergessen, »yet« gehört zwar zum »not«, nimmt aber meistens am Ende des Satzes Platz, auf jeden Fall in einer normalen Unterhaltung zwischen Sterblichen. Like you and me, just like you and me. I have not finished yet …

The water should be fresh from the tap (Wasserhahn) or faucet [*fohr-ssitt*] auf Amerikanisch (*one of those famous examples of differences in the two languages such as BE pavement and AE sidewalk*). Of course, the water should never be reheated and then it should be heated to its exact **boiling point**. You must not miss, Sie dürfen nicht verpassen, the moment of boiling. Whistling kettles (Flötenkessel? Pfeifenkessel?) are a feature of English life as they whistle (pfeifen) or sing, wenn das Wasser kocht. They give warning and whoever is making the tea must leap into action, er muss sofort in Aktion treten. Vorher jedoch und entscheidend, wesentlich, sehr wichtig, **crucial** (*Aussprache* ***kru***-*schl, Stammwort crux-crucis – Kreuz, direkt aus dem Latein. Noch ein Beispiel:* ***the crux of the matter****, der springende Punkt*), crucial or essential to the procedure is, dass die Teekanne mit kochendem Wasser ausgespült werden muss, um sie vorzuwärmen. Erst dann kommt der Tee in das Kännchen, one spoonful per person and one for the pot! Wasser drauf, Deckel drauf, tea cosy drauf und vier bis fünf Minuten warten. **Tea cosy** is another feature of English culture, die Teekanne wird unter einer »Teehaube/Teemütze« warm gehalten, aber nicht von unten mit einer Kerze geheizt. (Ein starker Tee, wie die Briten und Iren ihn trinken, wird dadurch beeinträchtigt und evtl. bitter schmecken.)

Typisch britisch ist die Milch zum schwarzen Tee. Die eingefleischten, inveterate, **dyed-in-the-wool** (*nice expression, isn't it?*) Teetrinker wissen schon, wie viel Milch man dazu nimmt, und die kommt als Erstes in die Tasse. Für Anfänger und Ausländer ist es ratsam, die Milch erst nach dem Tee zuzugeben, um sich von der richtigen Farbe zu überzeugen. Es gibt auch Klassenunterschiede unter Teetrinkern. Die Arbeiterklassen trinken immer mit Milch und kennen den Tee nur nach Markennamen, wie Typhoo oder P.G. Tips. (Mein Favorit? Marks & Spencer Extra Strong. Teebeutel eben. Ich habe keine Probleme damit, I'm not a tea-snob!) »Feine« Leute dagegen nehmen Tee gelegentlich auch mit Zitrone, je nach Teesorte, wie z.B. zu Darjeeling, Lapsang Souchong oder Assam.

Talking about feine Leute und Teetrinken ... According to Jane Pettigrew in ihrem Buch *Tea Time – beliebte Rezepte aus dem Land der Teetrinker*: »Seit mehr als hundert Jahren ist der »Afternoon Tea« eine englische Sitte, deren Wegfall für die meisten Engländer den Weltuntergang bedeuten würde. Die englische Tradition, nachmittags Tee zu trinken, soll im 19. Jahrhundert von Anna, der 7. Herzogin von Bedford, eingeführt worden sein. Damals nahm man das Mittagessen relativ früh ein, und das Abendessen wurde nicht vor acht oder neun Uhr serviert. Da die Herzogin, the Duchess, nachmittags immer hungrig war, begann sie damit, sich zwischen drei und vier Uhr eine Kanne Tee und einen kleinen Imbiß auf ihr Zimmer bringen zu lassen. Dann lud sie ihre Freunde zur Gesellschaft ein – und so wurde es Mode, nachmittags Tee zu trinken. Bald gab es passendes, elegantes Teegeschirr, der Nachmittagstee wurde zu einer besonderen Angelegenheit.«

Zu einer besonderen Angelegenheit also, a special occasion, und nicht für die »normalen« Menschen, die zwischen 15.00 und 16.00 Uhr noch beim Geldverdienen sind! The working classes are still busy earning money in the afternoon and when they come home at around 6 o'clock in the evening they are hungry and want an evening meal which is a little more substantial (etwas Gehaltvolleres) but still washed down with a nice cup of tea. Diese Gewohnheit hat seine Auswirkung auf die Sprache, da diese Mahlzeit auch **tea** heißt! Tea ist nicht gleich tea!

Lord and Lady Posh beschreiben ihre Mahlzeiten wie folgt:

Breakfast: After a ride out in the morning, a leisurely breakfast buffet which the butler has laid out for them in the breakfast room of the stately home or country house. Maybe the selection will also even include the famous kedgeree, an Indian fish and rice dish with smoked haddock (Schellfisch) and hard boiled eggs or simply »a pair of kippers« (etwa Räucherhering).

Lunch um ca. 12:30 bis 14:00 Uhr, the ladies in a fashionable restaurant, the gentlemen in their club (no ladies allowed!). The lunch for the ladies also follows fashion trends, at the time of writing, the current favourite is salad with rucola and a glass or two of Chardonnay.

High tea or afternoon tea is traditionally at 16.00 Uhr.

Dinner at 8 or 9 o'clock in the evening, three courses: soup, meat with vegetables and dessert and probably with invited guests.

Mr. and Mrs. Worker have a **slightly different** schedule:

Breakfast is a cup of tea and a slice of toast or bowl of cornflakes in the kitchen of their council house (entspricht in etwa Sozialwohnung), before both of them rush off to work.

Dinner is at 1 o'clock with all the other factory and office workers, and probably consists of just a sandwich, or perhaps a take-away meal like pizza, döner kebap, or the traditional fish and chips. Cod (Kabeljau) is fine, haddock (s.o.) is better.

Tea ist die Hauptmahlzeit des Tages und wird so schnell wie möglich vorbereitet, on the table soon after returning home from work, 17.00 bis 18.00 Uhr. Hauptsache, es geht schnell und macht satt. Wenn sie anschließend einen Nachtisch nehmen, nennen sie dies »pudding« oder »afters«. Mr. & Mrs. Worker kommen niemals auf die Idee, Gäste zum Abendessen einzuladen.

So you see, dinner ist nicht gleich dinner! Ein klassisches Beispiel für dinner als Mittagessen wäre in der Schule, wo Schüler ein so genanntes »school dinner« essen. Es gibt sogar die Berufsbezeichnung »Dinner Lady« für die Frau, die einen Kittel trägt und dafür sorgt, dass die Schüler nicht mit ihrem Kartoffelbrei oder Milchreis herumwerfen. Diese Welt ist eine ganz andere Welt als die der »ladies who lunch«, zwischen shopping, beauty salon and coiffeur und die in der Regel nicht weit weg von Harrods oder Sloane Square zu finden sind. England always was and still is divided by class. Böse Zungen behaupten weiter, dass die Upper Classes schöne weiße Stoffservietten, **napkins,** benutzen, die Middle Classes farblich angepasste Papierservietten, known as **serviettes,** mögen and that the working classes have **sleeves** (Ärmel). You and I, of course, are **used to** the finer things of life und damit kommen wir wieder zum Thema ...

Do you remember, my dear, the last time we had afternoon tea together at the Ritz Hotel in London? Wasn't that a marvellous afternoon a few days before Christmas and with a choir singing Christmas carols (das spezielle Wort für Weihnachtslieder ist Christmas **carols**) in the background and, of course, the piano player. Wir warteten, bis der Kellner im Frack kam und uns zum schön rosa gedeckten Tisch brachte. Wir gingen ehrfürchtig über den wunderschönen, hand-made Savonnerie-Teppich, 17. oder 18. Jahrhundert oder früher, und bewunderten the magnificent **chandeliers** und die riesigen Spiegel. **It's just like home**! Es geht hier nicht nur um ein kulinarisches, sondern auch ein ästhetisches Erlebnis. Die gnädige Frau trägt einen Hut und ihr Begleiter selbstverständlich eine Krawatte und was er nicht trägt, this is absolutely taboo, sind Turnschuhe. If you insist on wearing training shoes, then I'm afraid you will simply not be **shown to your table** (shown the way, dahin geführt).

Tipp: If you don't have time to book a table at the Ritz six weeks in advance – ja, tatsächlich gibt es eine Warteliste zum Teetrinken im Ritz –, then why not try afternoon tea at the Savoy, Dorchester, Claridge's or the Connaught [*konn-oht*], jedes Hotel eine Hochburg feiner Lebensart. And if you are not in London at all, then try the best hotel in the German city of your choice! You will of course have to tolerate that there may be people there in training shoes or men who are not wearing ties!

We drank Darjeeling, ate sandwiches, cakes and scones with clotted cream and time stood still. There is no need to look up clotted cream (Devonshire-Sahne?) in your dictionary as this is a speciality (BE) or specialty (AE), originally I believe from the south of England, and so the only way to really know what it is, is to eat it. Thick and shiny and definitely »moreish« (Umgangssprache, logo, für so lecker, dass man mehr davon haben muss!). Probieren geht über studieren!

And of course we ate far too much, wir hatten lediglich die Wahl zwischen zu viel oder viel zu viel. (***Far*** *too much wäre schöner hier als much too much.*) To prolong the pleasure we wanted to order **sparkling wine**, eine Flasche Sekt, aber unsere Bestellung kam falsch an. »Aaah, I think you mean champagne, sir?«, said the haughty waiter looking down his nose at us. Of course we meant champagne [*schæmm-**pehn***]. Selbstverständlich. Oh, how we enjoyed that wonderful **bottle of bubbly**! (Schampus to you!)

Die Auswahl macht's. The selection of sandwiches ist sehr beeindruckend und, if you wish to make these yourself at home, this is much easier than it looks and the final result (Endergebnis) looks like an enormous amount of work. In fact you only did a quarter of the work because everything you make once is then cut into four. Make one wonderful sandwich, cut off gnadenlos alle Ränder, the crusts, and then cut the remaining square diagonally through the middle and each half also diagonally through the middle and you are left with delicate triangles. Position them standing upright on the long edge in a line on the plate with a little garnish, lettuce, cucumber, tomato and lots of parsley. This **never fails to** impress your friends, es beeindruckt immer.

Recipe for sandwich fillings wie z.B:
cheese and tomato,
egg and watercress,
chicken with mayonnaise,
slices of thin roastbeef with a little horseradish,
smoked salmon with a little cream cheese,
ham and mustard.

Achtung! **Beware of** English mustard! Englischer Senf ist nicht für empfindliche Gaumen, it is very, very **hot,** sehr, sehr scharf, and it can **take your breath away.** There is **no comparison with** the mild German mustard, Senf, accompaniment to Wiener Würstchen, sondern eher mit Meerrettich (siehe oben, hat mit Pferden zu tun), der raketenartig in die Nase steigt, also bitte mit Vorsicht genießen.

Last on the list is the famous cucumber sandwich (Gurke auf Brot und dazu gehört unsalted butter, lemon juice and black pepper).

The story goes, man erzählt sich Folgendes: The 4th Earl of Sandwich (1718–1792) was absolutely fanatic about playing cards. He had no time to stop and eat, so er gab Anweisungen, he instructed his butler to bring him something he could eat at the same time as playing and **without leaving** the table to sit down to dine in another room. Laut *Oxford Dictionary:* »He was said to have eaten slices of cold beef whilst gaming for 24 hours.«

The American version of the sandwich is equally famous, genauso berühmt, but totally different, ganz anders, as can be seen in almost every American movie where the action takes place in the kitchen. Here various members of the family make themselves a snack. Man nehme... Open the plastic packet of sliced white bread and take out two slices, spread with butter or margarine. Open the fridge and take out a plastic container filled with lettuce [*lett-iss*], Kopfsalat, and place a little on one slice of bread. Open another plastic container and take out a slice or two of ham which is exactly the same size and shape as your slice of bread (that was a very strange pig). Spread with mayonnaise from the jar (*special word for Glas – a* ***jam jar*** *ist demzufolge ein Marmeladenglas. I know, it's always the easy, everyday things in English that no-one tells you*!), and then open the packet of rubber cheese, Gummikäse (exactly the same size and shape as your slice of bread). Take the second slice of buttered bread and place on top of this pile of wholesome, healthy ingredients. Press together with gradually increasing pressure, erhöhen Sie den Druck mit Gefühl, nicht zu schnell und nicht zu fest, until the whole thing has a small chance of holding together without everything falling out. Take the whole thing in two hands and ... jetzt wird's wohl überflüssig ... Was muss ich noch für Sie machen, mein Lieber? Dieses Sandwich dürfen Sie wohl selber essen, oder!

Take your time and enjoy it. You have worked extremely hard so you have earned your reward, sich eine Belohnung verdient, so I shall just leave you to it, ich überlasse es Ihnen.

Bye for now. Bis gleich.
Doosie

*

Verzeihen Sie mir, I'm sorry that most of the above seems to have been written **primarily** in English. Or maybe you are so fluent you did not even notice? Sind Sie schon so gut, dear fellow gourmet, dass Sie nicht bemerkt haben, dass Sie oben so viel Englisch gelesen haben? The point is, it's the English way of life and writing about the way things are in England just comes naturally in English. Sometimes there are no real translations because there are no real equivalents in the culture itself. Oder können Sie mir vielleicht Maultaschensuppe ins Englische übersetzen? For example, all the visitors I have herded [*hör-did*] (and yes, this does mean vorangetrieben wie Kühe oder Schafe) around a Bavarian Biergarten are overwhelmed (überwältigt), of course, by everything they see, hear, drink and eat and then afterwards – if afterwards you can get any sense out of them at all. They mumble things about »beer in buckets« [***buck**-itt*] (Eimer) and not to be confused with bouquet [*buh-**keh***] (Blumenstrauß) and »half a pig on your plate«. Do you recognize here »Maß Bier und Schweinshax'n«? Words here are not important, impressions are everything! (siehe oben, Tea at the Ritz).

By the way, perhaps I should explain the above comments on the enormous quantity of meat, specifically in this case eine Schweinshaxe, a leg of pork on one person's plate. For the average British person this would be ein Sonntagsbraten, so genannt Sunday joint und enough to feed a **family of six**, so this was a reflection of things seen through English eyes. The average Englishman is very modest in the consumption of meat. It's true! Er ist ein sehr bescheidener Fleischverzehrer. The famous Yorkshire pudding and all those pies, Pasteten und Aufläufe and the chips-with-everything style of eating are in fact nothing more than stomach fillers, wenn der Bauch schon voll ist, merkt man nicht so sehr, dass man sehr sehr wenig Fleisch auf dem Teller hat. The restaurant version of roast beef and Yorkshire pudding is very different to that served up in many homes. Im Restaurant ist der Yorkshire Pudding nur eine kleine Beilage, eher als Verzierung gedacht, weil er traditionell zum Roastbeef gehört.

I have a nice anecdote about roast beef for you. Nach dem Mittagessen hat eines Tages Heinrich VIII. sich sein Schwert bringen lassen. Ich schätze, dass der arme Koch schnell sein Testament machte. Es kam aber anders: Henry pronounced himself so well pleased with the beef that it, the meat, so großartig im Geschmack, deserved a knighthood! Prompt wurde das Stück Fleisch in den Ritterstand erhoben. Danach wurde »Loin of Beef« Sir Loin ernannt und bis zum heutigen Tag ist das Lendenstück als sirloin [*ssör-leun*] bekannt.

And now a story about Yorkshire pudding:
Ich war mal in Nordengland bei einer alten Bergmannswitwe, a coal miner's widow, der Tante von einer Freundin meiner Freundin zum Essen eingeladen; es ist schon 30 Jahre her, aber ich werde diese Mahlzeit nie vergessen. Sie stellte einen Teller vor mich hin und ich traute meinen Augen nicht! **I could hardly believe my eyes**. Der ganze Teller war voll mit Yorkshire Pudding (und wenn Sie sich das vorstellen möchten, dann etwa in der Größenordnung eines Gugelhupfs), am Tellerrand gerade noch Platz für drei Brussels sprouts, (»Sprossen aus Brüssel«, Rosenkohl) und das Fleisch habe ich suchen müssen (so dünn wie ein Zehnmarkschein, nur halb so groß). Die alte Dame strahlte vor Stolz, she was **beaming with** pride, da die Puddings so perfekt aufgegangen waren. Diese Puddings gelingen nicht immer, wissen Sie. Eine Art Pfannkuchenteig wird im heißen Backrohr schnell gebacken und nach dem Soufflé-Prinzip geht er wie ein Luftballon auf. Na ja, er sollte aufgehen, mir sind Yorkshire puds (puds, wir wissen ja schon, die Briten kürzen Wörter ab, wo es nur geht) leider noch nicht gelungen, mir bleibt immer nur ein angebrannter Teig zum Abkratzen. Auf je-

den Fall, an diesem Tag kam ich kaum wieder hoch vom Tisch, really I could hardly **get up** from the table (*not »stand up« from the table, ich bitte Sie*). G'schmeckt hat's! The meal was delicious, ich war so satt und diese nette Tante hat mit sehr wenig Geld eine wundervolle Gastgeberin, hostess, abgegeben. Britain may have ruled many parts of the world, but most its people were always very poor, times were hard und Fleisch war und ist für manche immer noch ein Luxus. Laut Statistik (if we believe statistics, »there are lies, damn lies and statistics«): the most widespread convenience food (Fertigessen) in England is **baked beans**. Gebackene Bohnen aus der Dose und auf Toast serviert. Gibt es irgendwas Bescheideneres?

As I said, we are talking here about a way of life. When you next go to Britain, then please adjust your body clock to British time. Eat a »hearty breakfast«* then you don't need a big lunch. Visit the museums and see the sights until it's time to **pop into** a pub for a G&T [*dji-önn-ti*], gin and tonic or a pint [*peint*] of beer and a small snack. Als kleiner Imbiss wäre ein pork pie or sausage roll geeignet. Now you are fortified

---

*The hearty breakfast is itself a sort of tourist attraction. Kein Mensch kommt von einer Reise auf die Insel zurück, ohne dass er von Bergen von gebratenem Speck, Würstchen, Rühreiern, gebackenen Bohnen, halben Tomaten und einigen Champignons erzählt. Evtl. ist auch eine Scheibe Blutwurst dabei, nur wenn Sie Glück haben, if you **are lucky**! (Glück haben: **to be lucky**.) This is followed by toast, butter, marmalade. Oh my goodness, I almost forgot the porridge. Haferbrei für die Wagemutigen, nicht für die Waagemutigen. And of course, all this is washed down with enormous amounts of tea! Und noch was, die Konversation am Tisch dreht sich auch keineswegs um Cholesterin. It is definitely not British to feel guilty about overdosing on cholesterol.

(gestärkt) for more sightseeing and culture, until it's time to take afternoon tea. After that, freshen up and off you go to a show or a musical and only after that, to eat in an Indian or Chinese restaurant!

Die Briten leiden an ihrem schlechten kulinarischen Ruf. Remember when I was **showing off**, ich habe angegeben with my oxymorons? Well, here's another one: An English Master Chef. There is a well-worn joke about hell. This is said to be the place where the Italians regulate the traffic, the Germans bestimmen romance & love life and the English are responsible for the cooking! This is open to your own interpretation.

I'm sorry if you have been to England and you came home complaining about the food. Sorry, because then you have gone wrong somewhere, you have **missed out** (irgendwas versäumt, verpasst), because when I go to Britain, I know exactly when, where and how to eat. The answer is – come with me! With me you can eat a succulent (saftig) slice of turkey carved (liebevoll geschnitten) from a magnificent fowl and served with all the **trimmings**, mit Beilagen wie cranberry sauce, Preiselbeeren, mit Rosenkohl (did you remember Brussels sprouts?), mit einer traumhaften Füllung aus Kräutern wie Salbei, sage [*sehdj*], Petersilie, parsley, und Thymian, thyme [*teim*].

Christmas Dinner, English Style

Prawn cocktail with grapefruit

*

Turkey with sage and onion stuffing
Roast potatoes and creamed potatoes

Carrots, sprouts
Cranberry sauce, gravy

*

Plum pudding with brandy butter

*

Stilton and Cheddar with crackers

*

Mince pies
Coffee
After Eight Mints

If you have never cooked a turkey, you should try it! I actually enjoy roasting a turkey as it is really very simple. All you need is lots of time and patience and a bottle of wine to drink while you are waiting to take it out of the oven. Die Zeit vergeht dann schneller. It also helps if you have muscles like a Russian lady weightlifter to get the damn beast out of the oven. Be careful not to burn your fingers on the oven door and for goodness sake don't drop it! Ein Vormittag Einsatz lohnt sich, danach braucht man drei Tage lang nichts mehr zu kochen. Es gibt dann turkey sandwiches, turkey salad, turkey risotto, turkey fricassee, turkey until it comes out of your ears.

Auch zu empfehlen wäre Hausmannskost wie **shepherd's pie**, ein Hackfleisch-Kartoffel-Auflauf und nicht aus Schäfern hergestellt, sondern aus Lammfleisch; mouthwatering Dover sole (Seezunge); bangers and mash (bangers are sausages in der Umgangssprache, so this is Bratwürstchen mit Kartoffelbrei); delicious roast lamb with mint sauce and, of course, fish & chips, Kabeljau oder Schellfisch im Teig frittiert und with malt vinegar abgeschmeckt. Minze und Malzessig sind nicht nur Gewürze oder Geschmackssache, sondern sie bekämpfen das Fett und fördern die Verdauung, so you see, there is always a reason for everything. Wie z.B. auch Cornish pasties, aus Kartoffeln, Karotten, Zwiebeln, Fleisch o.Ä. mit einem dicken Teig umhüllt. The tin (Zinn) miners in Cornwall took this meal to work with them, no knifes and forks, no plates etc. were necessary. Just take this substantial parcel in your hands and bite into it.

Als ich oben gerade shepherd's pie geschrieben habe, dachte ich an eine Computerübersetzung, die mir neulich in die Hände gekommen ist. Ich sollte die englische Fassung, version, auf ihre Richtigkeit überprüfen. Grausam. Ein Computerprogramm hat eben keine Gefühle, auch wenn es so logisch denken kann. Mitten in den Bewerbungunterlagen gab es einen Begriff, der mir zu schaffen machte. The computer program wrote that the candidate had studied »host sheept«. Na ja, mittlerweile kann ich auch ab und zu mal logisch denken und ich bin zu dem Schluss gekommen, I reached the conclusion, that host-sheept die Computerübersetzung für Wirt-Schaf-t war. Der Kandidat hatte nämlich Wirtschaft studiert. Ho, ho, ho.

A real shepherd's pie should be made with lamb, but there is also a version made with beef, called cottage pie. Lamb was never very popular in Germany, but in these days when everyone is looking for eine BSE-unbedenkliche Alternative, wird Lammfleisch immer mehr angeboten. Früher habe ich Lammfleisch beim türkischen Metzger kaufen müssen aber in letzter Zeit, I can buy lamb at most butchers'. Fry the minced meat, Hackfleisch, **as if you are going to make** spaghetti bolognese. Kräuter und Knoblauch jedoch weglassen.

Herbs and garlic do not belong in this dish, but you can put in a few more onions, carrots and tomatoes. Put the meat in an **ovenproof dish**. Make mashed potatoes, creamed potatoes, Kartoffelbrei eben, and spread evenly over the meat. Bake in the oven at approx. 180 degrees until the top becomes brown.

Danach vielleicht **trifle** [*trei-föll*], eine Art englisches Tiramisu (geschichtete Biskuits, Sherry, Obst, Vanillesauce, Sahne, geröstete Mandeln u.a). Für eine gelungene Trifle: In einer Glasschüssel – es ist wichtig, dass man die Schichten von außen sehen kann, Sie wissen ja, das Auge isst mit – eine Schicht Biskuitteig bzw. Löffelbiskuits mit Saft und Sherry durchtränken. Darauf kommt beliebiges Obst, ich persönlich mag Orangen, Aprikosen und/oder Mangos, but you can choose whichever fruit you wish, dann die Vanillesauce oder der Pudding und obendrauf Schlagsahne. Das alles wird dann schön dekoriert. Very practical, because you can make this in advance and when you bring it to the table and all the layers can be seen, it looks wonderful.

Nach so viel Food-Geschwätz habe ich nun enormen Hunger. I am feeling hungry, I am very, extremely, enormously hungry. In fact in colloquial English I think I could safely say, »**I'm famished!**« So sagt man, wenn man am Verhungern ist, einen Bärenhunger hat. Wenn Sie nur ein bisschen Appetit auf etwas Kleines haben, eine Kleinigkeit wäre recht, dann sagen Sie lieber »**I'm feeling peckish**«. I think I'll make a pot of tea and a sandwich, or two, or three ... You too, W.? Would you **care for** a cup of tea, too ? (Piekfein, would you care for, muss aber nicht sein. Would you **like** a cup of tea, too?) Shall I make you a sandwich? I'd be delighted.

So far, so good. Tomorrow let's take the ferry across to Ireland.

Review

1) **The present perfect or the imperfect**. Kein Problem für Sie? Bravo! Ansonsten bitte nicht erschrecken, wir wollen uns das Leben leichter machen, oder? If you mastered the tenses in English a long time ago, then **good for you**! If you didn't, then forget it! Fly to America and you can say without blushing, ohne rot zu werden, sagen Sie einfach »I lost my key. Can you help me look for it?« Übrigens, ganz unter uns, wenn Sie selbstbewusst und hemmungslos reden, ohne sich über die Grammatik Sorgen zu machen, dann hört Ihr Geprächspartner sowieso nicht, ob Sie »I've just had an idea« oder »I just had an idea« sagen. Ihn interessiert nur Ihre Idee und nicht Ihre Apostrophe!

2) **Prosit/Prost** auf Englisch heißt? ....
Sie meinen, es schon zu wissen, und haben wahrscheinlich nicht aufgepasst, drum machen Sie wieder halbe Sachen. Ihr »Cheerio« ist etwas verkalkt. Freilich wollen wir von dem leckeren Getränk Abschied nehmen mit cheerio! Gleichzeitig aber wollen wir den anderen etwas Gutes wünschen, also richtig hier für uns, heutzutage, here and now, und sehr freundlich wäre »**Cheers!**«.

3) **Achtung, Vorsicht.** Was liest man in England, wenn man aufpassen soll? Vorsicht, bissiger Hund! **Beware of** the dog! As always, there are other expressions: The strangest is possibly the notice on the Lon-

don Underground: **Mind the gap**! Vorsicht, Lücke! (zwischen Zug und Gleis). **Mind your head! Mind the step**! etc. sieht man auch in some old cottages and small hotels when the ceiling is low, oder da ist eine Stufe, die man übersehen könnte.

4) **Die Speisekarte**, bitte? Could I/we have the menu, please? The normal word is simply **menu.** You may choose à la carte, ansonsten gibt es evtl. auch die Vorschläge vom Koch, suggestions from the chef for your starter, first course and dessert. Das deutsche (französische) Wort »Menü« für drei bis vier Gänge zum Festpreis wäre »table d'hôte«. Feines Englisch, auch wenn, wie immer, die Briten ihre food-related words aus dem Französischen geklaut haben. Wir, Sie und ich, wir verkehren sowieso nur in den besten Restaurants, and so we shall select our courses **with the utmost care** and then selbstverständlich auch die **wine list** verlangen. Weil wir gerade in Großbritannien sind, dann wählen wir den Wein auch mit äußerster Vorsicht, da die Flasche dort mit größter Wahrscheinlichkeit mehr als das ganze Essen kostet! Thanks to the teetotal Iron Lady Mrs. Thatcher and her taxation system. Teetotal is another word for abstinent from intoxicants.

5) **Iron Lady** braucht hier auch eine kurze Erklärung hinsichtlich der Aussprache. Ich hoffe, Sie haben nicht »*eironn*« gesagt, wenn die richtige Aussprache »***ei-ön***« ist, da der Buchstabe r hier gar nicht zur Geltung kommt. Die Dame hat ihren Spitznamen wohl verdient. By the way, do you know some of Mrs. Thatcher's other nicknames by her cabinet? For some time she was known as »**She who must be obeyed**«. Herrlich,

gefällt mir sehr gut. Manche haben sie »TINA« genannt. Wenn einer sich traute, eine andere Meinung vorzutragen, pflegte sie ihn sofort abzuschmettern, she »shot him down« (verbally of course), und zwar mit den Worten: »**T**here **I**s **N**o **A**lternative.« So there we are, Tina was born.

6) Bitte übersetzen Sie das deutsche Wort **Marmelade**. If you really want orange flavour with strips of orange peel, that's OK with me, but for any other fruits you must learn to say **jam** in UK, or **jelly** in USA (think of the famous peanut butter and jelly sandwiches, reputed to, are said to give Jack Nicholson his manly powers, virility, Manneskraft. Normally I'm quite happy actually, with a »continental breakfast« of bread rolls and jam. Occasionally, perhaps a boiled egg from a happy chicken which has been running around the farmyard. Preferably **soft-boiled. Hard-boiled eggs** are only good on picnics. Scrambled eggs (Rühreier) are also very good for breakfast and so are **poached eggs**, die man selten auf dem Kontinent sieht, es sei denn, wir verkehren in internationalen Hotelketten. In vielen britischen Haushalten gibt es extra ein Gerät, das nur dafür konzipiert wurde, poached eggs zu kochen. Das Ei wird in einer kleinen Schale über kochendem Wasser pochiert. I give this egg-poacher full marks – eine geniale Erfindung, da die Eier etwa wie gekochte Eier schmecken, aber viel praktischer zu essen sind, weil das lästige Schälen beim Essen entfällt. (Hopefully you didn't forget a little butter before you cracked the egg into the dish of the poacher, or you will have plenty of work to get it out, und das ist wirklich lästig. **Such a nuisance**!)

For you, my dear, **There Is No Alternative**. You may take a break now, you have my permission to go and have something to eat, or go to sleep, or go to work, do whatever you have to do and let's get together again tomorrow. I shall look forward to it very much.

Take care. Till tomorrow.

7

The luck of the Irish

It is said that the Irish drink even more tea than the English. What's the real reason for so much tea drinking in the British Isles? Ganz einfach, mein Schatz, probieren Sie dort ihren Kaffee, dann wissen Sie sofort, warum sie Tee trinken. That is, when they are not drinking Guinness or Irish coffee!

Irish coffee, what a marvelous creation and now over fifty years old! It is said that this was first concocted in 1947. (*Concocted bzw. concoction haben wir schon gehabt, we have, haven't we? This word has appeared before and therefore needs no further explanation, da ich sicher bin, dass Sie sich das Wort schon gemerkt haben.*) **The story goes** that in 1947 Americans on their way to Europe arrived tired and cold at Shannon Airport on the west coast of Ireland. **For months,** einige Monate lang, the airport manager Joe Sheridan wondered (er fragte sich) how to greet them, to warm them up and give them a welcome. Irish coffee was born.

In the fifties there were many American movie stars also landing at Shannon Airport on transatlantic flights and the recognition (Anerkennung) for the drink gradually spread. Then a well known American journalist from San Francisco tried it and enjoyed it so much that he introduced it to the Buena Vista Bar in the Fisherman's Wharf district of San Fran. Joe Sheridan nahm ein Angebot an, in der Buena Vista Bar zu arbeiten. Within a few months the Californians **went crazy**

over Irish coffee. Sie waren verrückt danach und man kann ihnen nur danken für ihre Begeisterung. Sometimes the population of San Francisco consumed more Irish whiskey than the Irish themselves.

»Wenn du nach Irland kommst, vergiss den Regenschirm nicht«, sagte Oscar Wilde. »Wenn du Irland verlässt, vergiss das Rezept für Irish Coffee nicht.« Das ist von mir.

Now to the most important part: How to make it!

Ingredients (Zutaten):
Irish whiskey, coffee, cream and sugar.
Method:
Pour one measure of Irish whiskey into a pre-warmed glass. Was ist »one measure«? Geschmackssache, würde ich sagen. Add (hinfügen) strong black coffee up to three quarters full. Add sugar and stir until dissolved. Pour thick cream slowly and carefully over the back of a spoon (practice makes perfect!) so that it lies on the surface like the head of a pint of Guinness. Diese dickflüssige englische Sahne, double cream, ist wirklich einmalig, aber okay, wenn es sein muss, ich bin nicht so kleinlich und erlaube Ihnen ausnahmsweise ein Häubchen deutscher Schlagsahne. Bitte mit Gefühl, da die Sahne oben bleiben muss, und nicht gerührt werden darf. Do not stir! Serve immediately. Sie haben es sich verdient und Sie werden nicht enttäuscht sein. Cheers! Mmmmmmmmm, ist das köstlich!
Absolutely delicious.

Und nun zur Allgemeinbildung, man weiß ja nie ... Whiskey mit **e** wird als Bezeichnung für whiskey aus Irland verwendet, whisky ohne **e** für whisky aus

Schottland, auch genannt »Scotch«. Viele machen den Fehler und nennen die Schotten »Scotch«. The **Scots** people themselves actually call themselves Scottish or Scots, aber nicht Scotch – sie sind doch keine Flaschen! (Das war ein Versuch, einen deutsch-englischen Witz zu machen.) The word whisk(e)y by the way, übrigens, comes from the Gaelic language, »uisge (beatha)« meaning »the water (of life)«.

Ireland is said to be as easy to understand as Einstein's theory of relativity. It is an island in the Atlantic ocean which was made subordinate to English legislature (Gesetzgebung) in 1494. In 1916 there was an insurrection (Aufstand) against British rule, and subsequently in 1920, an Act was passed by the British Parliament dividing Ireland into two parts. The southern part was later recognized as an independent democratic state, known since 1949 as The Republic of Ireland. The northern province remained under British rule and to date they still have »The Troubles«. Schon wieder ein Beispiel für das bekannte britische Understatement, wenn man einen blutigen Bürgerkrieg als trouble [*tra-bl*], als Unruhe, Plage, Ärger oder Problem verharmlost. The situation is irrelevant for the majority of Irish people anyway, as most of them live in USA! (Man denke z.B. an die Kennedys, hundert Prozent irische Abstammung.) Wie die US-Amerikaner sind sie auch sehr patriotisch. It seems to me that jeder zweite Ire heißt Patrick, Kurzform Paddy, nach dem heiligen Patrick, patron saint of Ireland. Sein Namenstag wird groß gefeiert, und das besonders in New York!

Northern Ireland und England stellen bekanntlich eine unglückliche Ehe dar und es scheint dafür keine

Lösung zu geben. Politik jedoch ist nicht unser Thema, das überlasse ich den anderen. Leaving the politics to someone else, we are going instead as tourists to enjoy ourselves in the Irish Republic »Eire«. Irland, ein Synonym für herben Zauber, clean air and unspoiled, natural beauty and famous for its **lush** green fields. (Lush? Lush means luxuriant and succulent, üppig, wuchernd.) Eine unverdorbene, heile Welt in Western Europe with the **benefit,** Vorteil, Nutzen, of the mighty (mächtig) Gulf Stream. Wherever you go by car, by bike, by boat or **on foot** (*English for Beginners, Book I*), another breathtaking panorama will present itself.

The Irish people think of themselves, consider themselves, regard themselves as Ireland's greatest natural asset. Surprisingly enough, I mean in view of Ireland's historical development, they are considered a happy and optimistic race. It is said that an Irishman could **charm a bird off a tree**. The motto of the Irish is: »There's always a pot of gold at the end of the rainbow.« They obviously believe this and are quite happy to continue looking for it. Suchen wir nicht alle diesen Schatz? Wo genau bitte hört der Regenbogen auf?

Yes, I know the last few paragraphs were mainly in English, but please remember that you don't need to know every single word. Just read it through again if you need to and get the gist.

They are about 4 million people here and to be precise, genau gesagt, die demografische Bezeichnung des Landes heißt »sparsely populated«. So they are perhaps in a better position to be happier and more optimistic than approximately 80 million Germans or almost 60 million British. The English regard this natural optimism with suspicion, of course, just as the English regard anyone who is not English with suspicion! Sie betrachten die Iren als nicht seriös oder nicht zuverlässig. »An Irishman tells you what you want to hear.« Sie würden von einem Iren also keinen Gebrauchtwagen kaufen, they wouldn't buy a second hand car from an Irishman. It is also said that the Irish have »**the gift of the gab**« [*gæb*], die Gabe zum Schwätzen, die Kunst, belangloses Zeug zu reden, oder sogar auch, in other words, sie sind Überredungskünstler – they could **talk the hind leg off a donkey**! Eine nette Redewendung, in etwa »sie könnten einen Esel dazu überreden, sich von seinem Hinterbein zu trennen«, also ein bisschen in der Richtung, sie könnten Kühlschränke an die Eskimos verkaufen. (Der Esel scheint mir übrigens Leitmotiv dieses Buches zu sein und now for the good news – **leitmotiv** ist ja ein Wort, das in der englischen Sprache vorkommt!)

Dieses Talent, diese Redegewandtheit (Übersetzung mal mit **eloquence** als eine positive Eigenschaft oder mal mit **glibness** als eine etwas negative Eigenschaft) und ihre Schlagfertigkeit (quick-wittedness, repartee) kann natürlich sehr charmant und sympathisch sein, hat aber auch teilweise negative Auswirkungen. Wenn ich versuchen darf, das etwas ausführlicher zu erläutern, es hat nämlich auch etwas mit den Entwicklungen in der Sprache zu tun und gleichzeitig mit Stereotypen. Das Beispiel hier ist das Wort »**merchant**«. Mein Wörterbuch bietet mir immer noch »merchant« als geeignete Übersetzung für Kaufmann an. Ich bin damit nicht ganz einverstanden. Manchmal passt es schon, manchmal aber nicht. Es kommt in einigen feststehenden Redewendungen im englischen Sprachraum vor und ich denke hier spezifisch an »bullshit merchant«. This is unfortunately also a stereotype which some English have of the Irish. Jeder kennt das Wort bullshit von zahllosen amerikanischen Filmen, wo die Übersetzung Bullensch... fehl am Platz ist, aber »so ein Mist« aus dem Munde eines Superbullen hört sich auch nicht richtig an. Seien Sie bitte sehr zurückhaltend in Ihrem Umgang mit diesem deftigen Ausdruck, auf jeden Fall, bis Sie sicher sind, dass ihre Gesprächspartner die gleichen sprachlichen Register ziehen. A bullshit merchant erzählt Mist: er erzählt alles Mögliche, um sein Produkt loszuwerden, er sagt Ihnen das, was Sie hören wollen. Ein klassisches Beispiel wäre eben der second hand car salesman oder der Staubsaugerverkäufer an der Haustür, aber auch der neue Bekannte im Pub, der beim Aletrinken von seinen großen Erfolgen prahlt, auch wenn er nichts außer sich selbst verkaufen will. Mit anderen Worten, seine Geschichten sind übertrieben und nicht glaubhaft. Er lügt!

Seit Shakespeare's *Merchant of Venice* ist der merchant, meiner Meinung nach, in my opinion, in Verruf gebracht worden und ist nicht mehr gesellschaftsfähig. Gehen Sie also in internationalen Verhandlungen mit dem Wort »merchant« sehr vorsichtig um. Ähnliches gilt für das Wort »dealer«. Ja, was ist denn Ihr erster Gedanke? Früher allgemein und harmlos, eine passende Übersetzung für Händler, aber heutzutage oft nur in Verbindung mit Drogen zu verstehen. Für moderne, aktuelle Geschäftsbesprechungen würde ich empfehlen, immer **authorized dealer** zu sagen und sich zu überlegen, ob es besser wäre, den anderen als »businessman« bzw. »businesswoman« oder, den Umständen entsprechend, jeweils als agent, entrepreneur, importer/exporter, wholesaler/retailer usw. zu bezeichnen. Heute ist sowieso fast jeder ein Manager, Direktor oder sogar ein Präsident.

In view of their long history of animosity (Feindseligkeit), there can be no love between the English and the Irish. Für die Engländer sind die Iren wie für die Deutschen die Österreicher, für die Franzosen die Belgier usw. Sie wissen ja, was ich meine. Someone to make fun of. However, of course the Irish have many virtues, and not just a low rate of taxation. The Irish **excel at** (Aussprache bitte *ex-**sell*** mit Betonung auf *sell*), they excel at making linen, they also excel at breeding racehorses. (*Note the gerund,* ***to be good at, excel at doing something****, genau wie like/enjoy/hate/loathe doing something.)* They have produced wonderful writers and poets, most of whom seem to have spent a good deal of their time in the pub, drinking Guinness. Wenn Ihnen unsere Zeit in Irland zu anstrengend wird, dürfen Sie sich in einen Irish pub setzen. Lassen Sie es sich gut gehen und trinken Sie ein Glas mehr als sonst, **one over the top.** Vielleicht verstehen Sie dann die Iren besser. Schon beschwipst? A little **tipsy** already? Na und?

A bottle of beer for false courage? Das Wort bottle has entered the English language (slang) meaning Mumm. He's **got a lot of bottle** heißt, er ist mutig, **to lose one's bottle** bedeutet den Mut verlieren. »Gotta lotta bottle« war mal in UK ein unglaublich erfolgreicher Werbespruch, marketing slogan, für Milch, die ganze Nation war begeistert über diesen Reim. Im Dialekt ergibt sich hier eine faszinierende Aussprache, etwa: »gŏ-ö-lŏ-ö-bŏ-öll«.

In Irland ging es nie friedlich zu, wie wir wissen. Das störrische Inselvolk widersetzte sich jahrhundertelang jeder Eroberung mit mehr oder weniger Erfolg. Am besten gelang das gegenüber kulinarischen Einflüssen. They are not wonderfully good at cooking. Die heimischen Kochkünste sind oft so ungenießbar wie ihre Sprache unverständlich. The Republic of Ireland ist ein wunderschönes Land und gleichzeitig eine kulinarische Katastrophe, ein Anti-Gourmet-Paradies. Das Angebot besteht aus Kartoffeln und Lachs und ... aus Lachs und Kartoffeln. Salmon and potatoes. Both extremely good, but **you can have too much of a good thing**. Na gut, es gibt auch Lachs mit Kartoffeln und Butter sowie Butterkartoffeln mit Lachs und Kapern und für den kleinen Hunger Lachstoast mit Zitrone.

Just a few days ago I found an interesting article about Ireland in a magazine I was **leafing through**. It was a travel article on »The Emerald Isle«, die so genannte smaragdgrüne Insel, full of wonderfully romantic and superlative descriptions of »rolling farmlands, rugged [**ragg-***id*] coast, craggy mountains, dramatic isolation, world-class golf courses etc. und zum Schluss des Artikels schrieb der Verfasser: »Egal, ob im gemütlichen B&B oder auf dem historischen Landgut ... **I'd recommend the grilled salmon.**« Wie könnte es anders sein?

Kein Wunder also, dass man sich dort mit Whiskey und mit Guinness trösten muss. Als Aperitif ein Tullamore Dew oder Bushmills betäubt die Geschmacksknospen, the taste buds, hilft aber nicht gegen Steak à la Schuhmacher, mit anderen Worten zäh wie Schuhsohle, **as tough as old boots**. Es wird empfohlen, doch lieber Lachs mit Kartoffeln von der Speisekarte zu wählen, und wagen Sie es bloß nicht, ein Steak zu bestellen, es sei denn, Sie haben noch alle Ihre Zähne (wirklich?) to chew with, kauen, oder Sie haben Ihren Reisefleischwolf dabei. Es gilt jedoch als nicht fein, diesen am Tisch festzuschrauben. Nor is it fine sitting there **poking around** in your mouth with a toothpick, Zahnstocher (*und bitte merken Sie sich den Einsatz des Gerundiums »-ing« wie sitt**ing** and pok**ing** für mehrere Tätigkeiten gleichzeitig und über längere Zeit!*), try**ing** to recyle the debris, die unzerkaubaren Fleischfasern, die hartnäckig zwischen den Zähnen ihr neues Zuhause finden. Die Steckdose im Zimmer passt natürlich nicht zum Stecker der pflichtbewusst aus der Heimat mitgebrachten Munddusche, wer hätte was anderes erwartet, also diese funktioniert nicht und der manuelle Eingriff, an attack with the toothpick, führt nur zu Entzündungen und Verletzungen des Zahnfleisches (your **gums**!) und zu Gedanken an Zahnarzttermine, when you get home again.

Was lernen wir daraus? Just order the salmon and potatoes from the menu and you can't go wrong! The principle is after all international: In a Chinese restaurant it would be foolish to order Schnitzel mit Pommes, in a German restaurant don't order anything with a French name! Lachs senkt das Cholesterin, das durch die Butter wieder erhöht wird und dann ungehindert in den Adern zirkulieren kann. Die Kartoffeln, wie sonst auch alle anderen Gemüse, werden weich gekocht, sehr weich sogar, und das Rätseln beginnt, was könnte es wohl gewesen sein, bevor es unkenntlich und geschmacksneutral serviert wurde?

Sind diese Behauptungen unfair? Vielleicht ja, da diese Erfahrungen auf einer Zwei-Wochen-Rundreise gemacht wurden, und als Tourist kennt man sich nicht überall gut aus. Als Tourist kann man auch im kulinarischen Mekka Frankreich nicht immer gut speisen. It is possible to be oversentimental about French cooking. And I say this even as a francophile myself, dort gibt es oft ohne Insider Knowledge auch nur »Steak frites«, a steak of undefinable origin (OK, so there is nothing wrong with horse), swimming in blood on your plate and served with pommes frites, bis es einem zum Halse heraushängt. (Warum heißen Sie sonst in USA **French** fries?). So wie man in Italien bekanntlich selten gute Pizza essen kann, da die meisten Pizza-Bäcker bereits in Deutschland sind! Na ja, man hat's nicht leicht.

Oh dear, that was just a little joke, you know, I certainly didn't mean to offend (hier im Sinne von beleidigen wie insult) the Italian nation and all the numerous (zahlreich) Italy fans. **I didn't mean to**, really I didn't, das wollte ich wirklich nicht. Of course I remember that absolutely out-of-this-world, fabulous Quattro Stagione we enjoyed in that **charming little place** in Milano/Milan/Mailand. Das Restaurant war im ersten Stock versteckt, on the first floor. (*Europäisch denkend heißt es »erster Stock«, aber wie wir wissen, fangen die Amerikaner gleich an zu zählen. Dort hat man anscheinend kein Erdgeschoss, no ground floor. Wenn man in ein Gebäude in USA hineingeht, ist man bereits* ***on the first floor****. Für Europäer also ziemlich verwirrend, a little confusing.*) To get to this restaurant on the first floor we had to go up a spiral staircase (Wendeltreppe, scala a chiocciola). Wir hätten dieses Restaurant allein nie entdeckt, aber dann hatten wir den Insider-Tipp bekommen, gingen dahin und fanden es gerammelt voll, **full to bursting**, crowded and extremely loud. Super! Danke, danke für dieses einmalige Erlebnis, this unique experience. I can still feel it and I can still taste it, especially all that delicious melted cheese.

I think I'll dig out my recipe books, look at all the pictures and **see what I can find** for us to eat.
Küsschen, Küsschen

Take care of yourself
Doosie

*

Sorry about that, it took me longer than I thought, and then I got weary and well, actually, to be perfectly honest, ich habe meinen Schönheitsschlaf gehalten. I thought I needed a little beauty sleep and hope you can see the difference, before and after. Hoffentlich merkt man das. I hope you enjoyed your little break, too, and I am not going to ask you what you did. Now that you are feeling refreshed (erfrischt), revived (neu belebt), invigorated (gestärkt) or at least, you have time for ME again.

Und um noch ganz sicher zu gehen, just to make sure, dass die Italiener mir es nicht übel nehmen, may I also **take the opportunity** here to **express my heartfelt gratitude**, erlaube ich mir hier auch vielen herzlichen Dank an Marco Polo auszusprechen. Ohne seine China-Reise wäre die bisherige nudelfreie westliche Welt sehr arm geblieben. Ein Glücksfall für die Nachwelt. Wenn ich gerade dabei bin, bei allen Nationen um Verzeihung zu bitten, I humbly apologize, I grovel and crawl on my knees **in sackcloth and ashes** to the

Irish nation, for **making fun of** salmon and potatoes. Ironie ist eine notwendige Würze, aber auch nur eine Prise zu viel lässt die Suppe bitter schmecken. So now to **make amends**, I think wiedergutmachen is the *mot juste*, here it is, a recipe for you to try for yourself. It is really very simple to make:

Smoked Salmon Starter

Ingredients:
- 200 g smoked salmon
- 6 tablespoons dried red lentils
- 1 stick celery, chopped
- 75 g Stilton cheese (if you can't get it, use Edelpilz instead)
- 125 g Philadelphia cream cheese
- 1 tablespoon creamed horseradish
- 2 tablespoons milk

How to make it:
Line four (small) coffee cups with cling film (Frischhaltefolie, it clings), then line with smoked salmon. Cook rote Linsen in boiling water until soft, then cool quickly under running water. Put in a bowl with celery, Stilton cheese, cream cheese and Meerrettich. Mix well adding as much milk as you need. Fill the cups and refrigerate for at least an hour. Turn the cups out on to the plate and take off the cling film.

Serve with boiled potatoes (no further comment), sweetcorn (Dosenmais ist in Ordnung) and a mixed green salad.

That was so easy, wasn't it, eigentlich nur Bastelarbeit, also diesmal wollen wir auch den Backofen benutzen. One more recipe, this time for:

Salmon and Lemon Quiche

Ingredients:

- 250 g flour
- 125 g cold butter
- 1 egg yolk
- 2–3 tablespoons water
- 1 lemon
- 500 g salmon filet
- 4 eggs
- 0.2 l milk
- 1/8 l crème fraîche
- fresh dill
- salt and pepper

How to make it:

Für den Teig, the pastry [***peh-strii***], sieve flour and salt. Butter in Flöckchen darauf verteilen, Eigelb in die Mitte setzen und alles mit dem Messer hacken und zu einem krümeligen Teig verarbeiten. Add a little water to make a smooth ball of pastry and leave for 30 minutes in the fridge. Roll out and line the quiche form (22 cm). Peel the lemon and cut into thin slices. Place these with the pieces of salmon filet on the quiche. Eier, Milch, Crème fraîche, Dill und S&P verquirlen. Then pour [*pohr*], in die Form gießen, and bake at 200 degrees for about 35 mins until golden brown.

This is ideal as light lunch for about four people, served with salad. (No potatoes! Well, **unless** you insist, es sei denn, außer wenn Sie darauf bestehen.)

There is of course also a national speciality known as »Irish stew«. Layers of spring lamb (lamb cutlets or neck of lamb) with onions and sliced potatoes cooked slowly in the oven. There is no salmon in this dish, but the potatoes are unavoidable, die kann man nicht umgehen. Irish stew used to be known as the national dish, but **these days** I think there is really no such thing any more. Die Engländer essen ja auch nicht jeden Tag Fish & Chips, das Gericht ist einigermaßen zum Luxus geworden. Die Deutschen essen auch nicht Sauerkraut sieben Tage die Woche, seven days a week, auch wenn die Engländer es eventuell denken. Wir sind alle gereist und haben unseren kulinarischen Horizont erweitert. Außerdem, wer hat denn nowadays die Zeit, um solche tollen Mahlzeiten vorzubereiten. Wir leben im Zeitalter von **convenience foods**. Lieber holen wir uns ein Fertiggericht aus dem Tiefkühlschrank und stellen es in die Microwelle, the microwave oven.

Das Problem ist nur das, dass unser Essen uns krank macht. Wer weiß noch, was wir essen können? Wo gibt es gesunde und gute Nahrungsmittel? Müssen wir alle nach Irland auswandern, emigrate, um uns dort von einigermaßen natürlichen Lebensmitteln ernähren zu können? In Ireland the climatic conditions are ideal for the production of ... grass. It's as simple as that! In Ireland cows eat grass and its dairy products are excellent. Ich frage mich wirklich, warum einem Rind, das Vegetarier ist, tierische Proteine ins Futter (fodder) gemischt werden. How disgusting (widerlich, ekelhaft) it is, turning a herbivore into a carnivore. Es wird immer wieder berichtet, was pflanzliche Nahrungsmittel für gute Eigenschaften haben, und gleichzeitig wird darauf hingewiesen, dass der menschliche Körper tierisches Eiweiß braucht, weil der Mensch im Gegensatz zum Rind, man **as opposed to** cattle, es nicht selber aus seiner pflanzlichen Nahrung aufbauen kann. Es wird empfohlen, so viel Gramm tierisches Eiweiß pro Tag zu sich zu nehmen, wie viel kg man wiegt. Also bei 70 kg 70 Gramm tierisches Eiweiß. Das ist ziemlich wenig, aber wenn man es nicht in irgendeiner Form zu sich nimmt, bekommt man Mangelerscheinungen. Deficiencies become evident, but **in the case of** cattle it seems to be **the other way round**. Beim Rind scheint das umgekehrt zu sein. Der Mensch gibt ihm tierisches Protein und das Tier wird krank. Für mich ist es unlogisch, illogical, man weiß es und tut es trotzdem und nachher wundert man sich.

Jedes andere Lebewesen versucht, in Einklang mit der Natur zu leben, nur wir Menschen wollen alles besser wissen. Leider wissen wir es aber nicht besser. An American Indian Chief, ein Häuptling, soll gesagt haben: »Wenn der Mensch den letzten Baum gefällt hat und den letzten Büffel vernichtet hat, wird er merken, dass man Geld nicht essen kann.« Mit anderen Worten: »Jeder sägt an dem Ast, auf dem er sitzt.« So if we go on **felling** all the trees, sawing at the branch we are sitting on and destroying all the »buffalo«, lässt die Katastrophe (catastrophe [*kætt-æst-röff-ii*], *easy word to read, not so easy to say)* nicht mehr lang auf sich warten. Dann beschuldigt man sich gegenseitig und es rollen die Köpfe einiger Minister, yes, heads will roll, wenn jeder den Fehler in die Schuhe des anderen schiebt. **Putting all the blame on someone else** is easy, but it doesn't help us very much. Für die Kurzsichtigkeit, short-sightedness, die Verantwortungslosigkeit, irresponsibility, haben immer die anderen Schuld.

Why isn't it obvious, warum ist es nicht selbstverständlich, dass wenn die Tiere krank gemacht werden, nicht nur die Menschen, die sich infizieren, daran zugrunde gehen, sondern auch die, die von der Tierzucht leben? Am meisten bedaure ich diese armen unschuldigen Tiere, of course I feel sorry for the poor innocent animals and at the same time, und gleichzeitig tut es mir Leid, um den Genuss gebracht zu werden, ab und zu mal ein schönes saftiges, juicy Bistecca alla Fiorentina zu verspeisen.

Wenn man die Berichte von verschiedenen Wissenschaftlern anhört, ist es nicht mehr unbedenklich, Fleisch zu essen, egal welches. The question is, was sollen wir tun, was sollen wir essen? Auch das Gemüse wird behandelt wie ein Stiefkind, stepchild. Gemüse schmeckt, ist gesund, hält schlank, macht satt, fördert die Verdauung und nicht zuletzt bekämpft es die freien Radikale, äußerst aggressive Stoffe, die man für Tumorerkrankungen verantwortlich macht. Unter den jetzigen Umständen, in **the prevailing conditions,** fragt man sich zu Recht, woher man wertvolle Nahrungsmittel oder Nährstoffe nehmen soll.

Wir werden wahrscheinlich auf naturbelassene Lebensmittel zurückgreifen müssen, die in Gegenden angebaut und produziert werden, wo der Mensch nicht alles tun und machen darf. Diese wertvollen Stoffe werden dann durch ein schlaues Verfahren in kleine Kapseln gepresst. Astronautennahrung wird langsam zur Alltagsdiät. Für den Körper vielleicht eine gute Sache, aber leider ohne Gaumenfreude! »Ich lade Sie heute zum Essen ein – es gibt Spinatpresslinge mit natriumarmem Mineralwasser.« Guten Appetit. Ein gemütliches Abendessen? Hoffentlich kommt es nicht zu schnell dazu, bis dahin können wir noch den mittleren Weg nehmen und die Kapseln nicht als Ersatz, sondern als Ergänzung zu uns nehmen. Not as a substitute but as a nutritional supplement, a **key phrase** for the coming years. Eine Pille leistet mehr als ein Stück Obst, das schon eine Weltreise, einige Spritzen und eine längere Lagerzeit hinter sich hat. Immerhin eine Lösung, bis unsere Erde sich erholen kann und die Geschäftemacher zu Vernunft kommen bzw. zur Vernunft gebracht werden. Mother nature is more powerful than man. Everyday in the news are reports of just how powerful and how helpless we are against storms, hurricanes, floods, fires and earthquakes. Do you think, Someone up there is trying to tell us something?

We think we are so smart, so clever and yet look what we have done to ourselves. Ja doch, wir haben es uns selber angetan. We, the consumers, who want everything to be cheap, cheap, cheap. I would like to enclose a few words by an English writer here, which I find extremely **pertinent** (treffend, passend, angemessen). Das Interessante dabei, diese Gedanken wurden vor über 100 Jahren aufgeschrieben! 100 years ago and today still absolutely valid (gültig):

The Low Bid

by John Ruskin (1819–1900)

It is unwise to pay too much, but it is worse to pay too little. When you pay too much, you lose a little money – that is all. When you pay too little, you sometimes lose everything, Because the thing you bought was incapable of doing the things it was bought to do.
The common law of business balance prohibits paying a little and getting a lot ... it cannot be done.
If you deal with the lowest bidder it is well to add something for the risk you run.

And if you do that you will have enough to pay for the something better.
There is hardly anything in the world that some men cannot make a little worse and sell a little cheaper.
And the people who consider price only, are this man's lawful prey.

The man was absolutely right! This »**wanting something for nothing**« has not exactly enriched our lives, has it? Oh sorry, do you want to have the German version first of all?

Es ist unklug, zu viel zu zahlen.
Aber es ist schlimmer, zu wenig zu zahlen.
Wenn Sie zu viel zahlen, verlieren Sie ein wenig Geld – das ist alles.
Wenn Sie zu wenig zahlen, verlieren Sie manchmal alles.
Weil das, was Sie gekauft haben, nicht in der Lage ist, das zu tun, wozu es gekauft wurde.
Das Gesetz vom Gleichgewicht der Wirtschaft untersagt es, wenig zu zahlen und viel zu bekommen ... das ist nicht möglich.
Wenn Sie mit dem niedrigsten Anbieter
Geschäfte machen, ist es ratsam,
etwas für das Risiko aufzuschlagen, das Sie eingehen.
Und wenn Sie das tun, haben Sie genug,
um für etwas Besseres zu zahlen.

When are we going **to learn our lesson**? **As I mentioned above**, the amazing thing is that this **piece of wisdom**, diese Weisheit, was written by a man who died in 1900. More than a century later, jetzt haben wir den Dreck! »Houston, we have a problem.« American astronauts take off into space in a machine made up of thousands of parts. Each and every single part was bought from the lowest bidder! Und genau das verkörpert unsere Einstellung zum Fleisch. Wir wollen viel, wir wollen es sofort und vor allem billig muss es sein. Oh dear, oh dear … where is it all going to end?

It's all very sad, isn't it, and it makes me feel rather »**down**« at the moment, darling. Thank goodnesss I have you to talk to, to cheer me up and keep me going. **What would I do without you**?

Jetzt geht aber dieser kulinarische Teil langsam zu Ende – leider –, denn da gibt es nicht viel Schöneres als »researching the local gastronomy and viticulture«. Such an important part of our lives, don't you think? Ich würde sagen, mein Interesse daran ist überdurchschnittlich, **above average**. I'm an absolute »foodie«, just like you. Yes, this is a real word but a »newish« word, so you won't find it in your dictionary, if you have a typical school edition which has been collecting dust on your shelf for the past 15 years or so. So here is my dictionary service for you. **Foodie**: noun, informal, someone having an avid interest in food, especially in rare or exotic dishes. Example in use: »It's an open secret that the Queen Mother is the foodie of the royal family.« (*The Observer*) Time for a little joke, einen kleinen Wortwitz: If I am enjoying my meal whilst flying in Concorde, does this make me a fast foodie?

Many »food words« in idioms make the English language more colourful, too. Here are some examples of food idioms, of which I'm sure there are dozens more, but we are not here to learn long lists of idioms without some sort of context. »**Off the top of my**

head«, as they say, sind mir spontan die folgenden Redewendungen eingefallen:

to egg someone on
to have bigger fish to fry
to not care a fig

To egg someone on? Keine Ahnung? Sie werden auch nicht drauf kommen, ich sehe überhaupt keinen Zusammenhang und habe keine Erklärung, Sie dürfen mir einfach glauben. I egged him on means I encouraged him, ermutigte, I incited [*inn-ssei-tid*], spornte ihn an. **He has bigger fish to fry** ist erheblich leichter zu verstehen: Er hat eben Besseres zu tun, er beschäftigt sich nicht mit einem kleinen Fisch. Last but not least, **I don't care a fig**! Es ist mir keine Feige wert? Es ist mir egal, Wurst – for the Germans a sausage, for the British a fig.

I have to make myself on the socks now! My little joke in Filser English! No, of course you cannot really say that in English, **I was just pulling your leg**. Wenn Sie erkennen, dass einer Sie auf den Arm nimmt, dann sagen Sie: »Are you pulling my leg?«, und noch besser wäre: »**Pull the other one**!« Oder Sie können perplex dastehen – looking **baffled,** perplexed, bewildered, puzzled.

I'm sorry, but I have to stop here. I **have such a lot on my plate** at the moment. Eine nette Redewendung nicht wahr? Wenn der Teller voll ist, dann geht nichts mehr, rien ne va plus. Den Ausdruck braucht heute jeder, der einen vollen Terminkalender hat. So for the time being this endless flow of inconsequential chatter, unwichtiges Geschwätz, Geplauder, is interrupted, unterbrochen, because I have such a lot on my plate. You may now have fun with the revision notes below.

I finish once again with the words of Jean-Paul Sartre, in reply to Simone de Beauvoir, this time on 20th January 1940, nur aus dem Grund, weil es wunderschön klingt: »My dearest love, how I love you and how I long to see you. We two are one, my little jewel.« »Meine große Liebe, wie ich Dich liebe und wie ich mich danach sehne, Dich wiederzusehen. Wir zwei sind eins, mein kleines Juwel.«

Ciao
Doosie

Review

1) Wie ein Schotte seine Nationalität und sein Nationalgetränk nennt? Die Schotten sind sowieso sehr empfindlich hinsichtlich der Nationalitätsfrage und wollen auf gar keinen Fall mit Engländern verwechselt werden. Ich denke an Freunde, die nach zwei Wochen Englandrundreise eines Abends in Schottland ankamen und im ersten Bed & Breakfast-Gasthaus, wie so schön gelernt, ein »English breakfast« verlangten. O Schreck, o Schreck! Sie können sehr froh sein, dass sie danach noch übernachten durften. The moral of the story is, nach dem Motto »**When in Rome, do as the Romans do**«, when in Scotland, bacon and eggs, toast and marmalade and a pot of tea is a Scottish breakfast. The people are Scottish. The whisky is of course Scotch.

2) Wenn mir etwas spontan einfällt? **Off the top of** my head. Oder wie sage ich, das Wort liegt mir auf der Zunge? **On the tip of** my tongue.

3) Kauen, as you know, is chew. Useful too, is a popular American expression – after all, they gave us chewing gum – »to chew someone out«. **To chew out**? This means to scold, to grumble at, to tick someone off, beschimpfen. Example: »The new boss chewed out the whole sales staff.« Nach dem Prinzip »Mind your prepositions!« merken Sie sich vielleicht hier auch »**to chew over**«, which means to think something over or to talk something over. Example: »Let's call a meeting and chew over your new idea.«

4) How are you on the subject of leaves? (Nein, nicht weggehen/verlassen, sondern die grünen Dinger am Baum.) **Bitte umblättern**! You remember, I was leafing through a magazine. **P.T.O.** at the end of the page means **P**lease **T**urn **O**ver. **Overleaf** = auf dem nächsten Blatt/umseitig. You can also do something for yourself and »turn over a new leaf«, wobei Sie sich zum Besseren wandeln. Machen wir doch!

5) **Take care** as in »Take care of yourself« is the nearest the English ever come to a declaration of affection! Eine Art Liebeserklärung. Wenn ein Brief mit »take care« endet, können Sie sicher sein, dass der Verfasser Sie gerne mag. Aufpassen sollte man allerdings mit der verneinten Form »I don't care« (return to chapter 4, revision, point 3).

6) **I hate to bother you,** but – ich will Sie damit nicht belästigen, aber – how are you getting on, are you making progress? Are you learning all these idioms oder wollen Sie lieber wissen, was als Nächstes kommt? Sie haben alles im Griff? Splendid, go to the top of the class. Eine Menge Redewendungen waren in den letzten Kapiteln und ich habe nicht vor, alle zu wiederholen. Sehen Sie das nicht als selbstverständlich – **don't take it for granted** –, schauen Sie lieber die letzten paar Seiten nochmals an, um auf Nummer sicher zu gehen. What's that I hear? Frankly, my dear ...! Life's too short for reading something twice? Well in that case I'll **meet you halfway,** ich komme Ihnen entgegen, and just list here a few expressions worthy of note:

you can have too much of a good thing
off the top of my head
just pulling your leg
to have a lot on your plate
as the story goes
to talk the hind leg off a donkey
prevailing conditions
turn over a new leaf
get the gist

8

Mirror, mirror, on the wall

My last chapters on food were **quite lengthy,** ziemlich lang, weren't they? I just get carried away when eating and drinking are concerned. **I get carried away,** ich höre nicht auf, ich lasse mich dazu hinreißen, ich schwärme maßlos, I think you can see where **my interests lie**!

Now changing the subject completely...
Last night I felt extremely lazy and thought I would enjoy being a couch potato. Potato? Das gibt's doch gar nicht, immer noch beim Thema! Ich dachte wirklich nicht mehr ans Essen. This lovely American expression **couch potato** refers to those people who spend all their time on the sofa, on the couch [*kautch*] in front of the TV with a can of beer, a packet of Nachos or a microwaved meal. In my case, this means with a glass of wine and something naughty to nibble (naschen). **Naughty** [*nohr-tii*] is a very useful English word to know. Normalerweise in Verbindung mit Kindern, naughty ist unartig, ungezogen. Hier in Verbindung mit Essen, etwas Verbotenes, Ungesundes, Sündiges. Ja, ich sehe schon, Sie wissen genau, wovon ich rede!

Was wäre denn das Leben ohne Sünden und Schwächen? Wir hätten dann nichts zu bereuen. Wie langweilig. I know I'm going to regret it tomorrow when I stand on the scales again, but although **the spirit is willing, the flesh is weak.** (Na? Kommt Ihnen das bekannt vor?) In other words, as Oscar Wilde is said to have quipped, geistreich wie immer: »I can resist everything ... except temptation. Ich kann allem widerstehen außer der Versuchung.« So there I was in front of »the box« (ja richtig, vor der Kiste, der Glotze, »the goggle box«), ready for a little **cocooning**. Ganz in Mode, very trendy, ganz in: die Freizeit allein und ruhig zu Hause im eigenen »Kokon« verbringen.

But you know what it's like when you are really looking forward to (sich darauf freuen) a good film or an interesting documentary on TV, it just doesn't happen, does it? Of course there was nothing I really wanted to see, so I just zapped around the channels, Fernsehkanäle, Fernsehsender. Noticeable, auffällig, were the number of figures, Gestalten, dressed in green robes, wearing mouth masks and grouped around a table. Was this American Emergency Room life-saving competence, English kitsch »I'm a doctor, you can trust me« oder German Heile-Welt-Ärzteserien-Nostalgie, or what? Neeeee, viel realistischer, es wird hier geschnitten und abgesaugt, was das Zeug hält. O je, jetzt wird mit Hammer und Meißel, with hammer and chisel [*tji-söl*], das Nasenbein gebrochen (nur nose in English, a broken nose). Schon wieder ein Bericht über die Schönheitschirurgie. Ganz große Mode zur Zeit, voll im Trend, very trendy.

Wie damals Schwulsein – früher wurde alles geheim gehalten, dann an die große Glocke gehängt, ein ganz großes »coming out of the closet«, ein neudeutsches »Outing« und als Nächstes eventuell obligatorisch? First kept secret, then praised, broadcast, shouted from the housetops, then ... maybe it will become **compulsory**? Mir scheint, it seems to me, dass wir alle an einer Mitmachermentalität leiden. Wir müssen dabei sein. Wie wir das so schön als Slogan auf T-Shirts sehen können: »Been there, done that!«

Die plastische Chirurgie sowie ihre modische Schwester, die kosmetische Chirurgie, können manchmal Wunder vollbringen. Sie können Menschen neuen Lebensmut geben. Sie können auch wesentliche Verbesserungen bringen, considerable, substantial oder essential improvements, aber diese Wunder, these miracles [***mi**-rökk-ls*], werden oft falsch verstanden. Es handelt sich hier nicht um eine Maniküre, die in der Mittagspause erledigt wird, during your lunch break, und nicht um einen Sprung zum nächstliegenden Arzt.

Wie falsch solch eine Ansicht sein kann, wenn man diese Möglichkeit missbraucht, sah man, mich hat es zutiefst erschüttert (a nice, very British expression here is **I was absolutely shattered**) im Falle der Französin Lolo Ferrari, wie sie mit ihrem Künstlernamen genannt wurde. Sie war eine bildhübsche Person, pretty as a picture, bevor sie ihrem Frankenstein, ihrem scheußlichen, geldgierigen Ehemann begegnete. Her horrible, **money-grabbing** husband. Man sagt oft, eine Frau kann einen Mann nach oben bringen oder ihn ruinieren. A woman can make or break a man. Wie es sich aus diesem Fall ergibt, auch umgekehrt, vice versa [*weiss-**vör**-se*], dazu ist der Mann auch in der Lage. I wonder too, ich frage mich, was ist das für ein Arzt, der sich für so etwas hergibt? Eine vollkommen falsche Einstellung (*mittlerweile bekannt, die Übersetzung hier für Einstellung ist* ....), da ein Arzt für die Erhaltung des Lebens ausgebildet wird, nicht für dessen bewusste Zerstörung, destruction. War es Fahrlässigkeit oder Absicht? Was this a case of negligence [***negg**-li-djönz*] or intent?

Na ja, für mich ist es sowieso eine klare Sache: Geld beherrscht die Welt, **money talks**. Money makes the world go around, the world go around. Willkommen, bienvenue, welcome to the cabaret of life. They say that money can't buy happiness, Glück kann man sich nicht kaufen, aber damit kann man auf jeden Fall sein Unglück auswählen! Choose your own form of misery. Es kann nicht sein, dass sich jemand keine Gedanken darüber macht, was tue ich einer jungen Frau mit einer derartigen Brustvergrößerung an, nicht nur ihrem Körper, sondern auch ihrer Seele. Was ist das für ein Leben, wenn sie sich durch heruntergekommene Tingeltangellokale, sleazy night clubs, schlägt, eine honky-tonk woman, ihre Sikilonkissen von Männern betatschen lässt (**to grope**). Take it from Mick Jagger and the Rolling Stones, a honky-tonk woman ist nicht vornehm! »Take it from me«, Sie können es mir schon glauben. Was hat der Chirurg sich bei diesem Eingriff gedacht? Hat er denn überhaupt an etwas gedacht, außer an sein Bankkonto? Man sollte die plastische Chirurgie dafür hernehmen, wofür sie gedacht ist, für Menschen, die von Natur aus oder durch äußere Umstände entstellt sind, hier hat sie ihren Platz.

Immer häufiger, **more and more** often, with increasing regularity, rücken auch die Zähne in den Mittelpunkt. Wer wünscht sich nicht wunderschöne, helle, gesunde Zähne, nach amerikanischem Vorbild, wie bei Julia Roberts with her ear-to-ear grin (bei Stefan Raab sieht's nicht so attraktiv aus) oder den Stars aus den Soap-Operas? Warum heißt es soap opera? Angeblich aus den Zeiten des Wilden Westens. Die Kaufleute from the old continent waren an der Ostküste Amerikas gelandet und mussten sich quer durch das Land schlagen. Sie wollten ihre Waren verkaufen, sell their goods oder Umgangssprache (slang) flogging their wares (*wares* ausgesprochen wie *wears*, tragen) und mussten also ein kaufwilliges Publikum auftreiben. Sie haben ihre Verkaufsveranstaltungen mit einem kleinen, anspruchslosen, an undemanding, Theaterstück angefangen, um die Passanten zu fesseln, sie weich zu klopfen, um anschließend die Seifen, Waschmittel, Haushaltswaren und so weiter sofort loszuwerden. To return to the subject of teeth, es gibt viele Beispiele beim Fernsehen, wo eine prothetische Versorgung, z.B. mit zu großen Kronen, einen leisen Sprachfehler erzeugt statt eines unwiderstehlichen, **irresistible,** Lächelns, wobei die S-Töne nicht mehr sauber ausgesprochen werden können, man lispelt eben.

Eine andere junge deutsche Schauspielerin, sexy, hübsch und begabt, talented [*tæl-en-tid*], ließ sich die Lippe unterspritzen. Anstatt des Kussmundeffekts erreichte sie das Gegenteil, denn die Oberlippe wurde so dick, dass beim Lächeln oder überhaupt beim Öffnen des Mundes die Zähne des Oberkiefers nicht mehr zu sehen waren und sie im Bereich der Mundpartie wie eine ehrwürdige, a venerable, zahnlose Dame aussah, in short: like a toothless old lady.

Spieglein, Spieglein, an der Wand ...

Was man nicht vergessen darf, ist, dass es sich hier um Show-Business handelt. Real life is different. Die Kamera ist gemein und verlangt Maßnahmen, die im Alltag gar nicht so schön sind, weil sie unnatürlich und unpassend wirken. Es ist schon richtig, wie manche Zyniker sagen, dass das Leben ein Theater ist, aber man sollte es nicht unbedingt in eine fragwürdige Oper umwandeln und in dieser auch noch die Hauptrolle übernehmen, play the leading role. Fotomodelle in der Früh, gerade aufgestanden und ungeschminkt, sind eigentlich gar nicht so perfekt, nur durch gekonntes Make-up und Können des Fotografen, später and **more often than not,** auch with a little help from the computer graphics specialist, werden sie für uns perfekt gestylt.

Verstehen Sie mich bitte nicht falsch, ich bin zwar mit dem Zitat von Goethe einverstanden, »höchstes Glück der Erdenkinder sei nur die Persönlichkeit«. Ich bin aber nicht grundsätzlich gegen verschönernde Maßnahmen, sie dürfen nur nicht das Gegenteil bewirken. Der Satz von Peer Gynt »Sei du selbst« steht nicht im Widerspruch dazu, wenn man sich verschönern möchte, denn das ist nur zu menschlich. It's only human and ich bin auch ich selbst, wenn ich schöner, begehrenswerter, more desirable, und dadurch auch glücklicher bin! Vielleicht führt ein besseres Selbstwertgefühl auch zu einem besseren Ich. Mit sich zufriedene Menschen sind möglicherweise weniger missgünstig, malevolent, towards others. This inner contentment könnte auch die Erklärung sein, warum schöne Menschen es angeblich leichter haben. **It is said that** (hier für angeblich statt immer »allegedly« aus dem Wörterbuch), it is said that attractive people have better chances in life than people who are not so attractive. Womöglich sind »The Beautiful People« umgänglicher, strahlender; man fühlt sich in ihrer Gesellschaft wohl. What could be nicer?

Das weltweit berühmteste Beispiel von »Restructuring« an einem Menschen, der offensichtlich mit seinem äußeren Erscheinungsbild nicht zufrieden war, ist vermutlich, probably, I suppose, Michael Jackson. War dieser Wahnsinn nur durch Eitelkeit (vanity) verursacht oder eher aus einer tiefen, seelischen Unzufriedenheit? So viel Talent (so viel Geld!) und der Mann tut uns trotzdem Leid. Well, I feel sorry for him anyway. In second place, very close on the list of structural transformations must be Cher. In ihrer führenden Position als Megastar, kann sie es sich natürlich erlauben, zuzugeben, dass ihre Nase, ihr Busen und ihre Zähne nicht mehr ganz dem Original entsprechen. Ihr werden auch Korrekturen an Po, Bauch und Hüften nachgesagt. Nur mit einem eisernen Willen, Diät und täglichen Körpertraining lässt sich dieses Ergebnis erhalten, so Cher.

Es fällt mir die Geschichte von meinem früheren Klavierlehrer ein. (This is a different piano teacher, from the time when I was a student, and not the same person as the lady mentioned (erwähnt) in another chapter, the one hanging upside-down from the ceiling. Wait and see!) This gentleman, wir nannten ihn liebevoll »Professore«, war ein alter Herr, gut in den siebzigern, sehr gepflegt und ein fantastischer Musiker, der mich wirklich das Hören gelehrt hat, ein sagenhafter (hier: fantastic, terrific) Pädagoge, alles in einer Person. Er hatte eine beachtliche Bühnenkarriere hinter sich und war damals, neben seiner Unterrichtstätigkeit, auch als Juror bei internationalen Wettbewerben gefragt. Eines Tages fand wieder ein solcher Wettbewerb statt, an international competition (or contest) und im Fach Klavier gewann eine junge Asiatin. Unser Professor schwärmte uns vor, he enthused: »Mein Gott, was hat das Mädel für eine Taille ... What a figure!« Hier unterbrach ich ihn, I interrupted: »Und wie hat sie denn gespielt?« – »Und so ein süßes Gesicht hatte sie, und das Kleid, das sie trug ...«, fuhr er fort. »Diese süßen kleinen Hände, oh how beautiful she was!« – »Ja, Herr Professor, aber wie war das Konzert, wie hat sie Beethovens Klavierkonzert gespielt, warum hat ausgerechnet sie gewonnen?« Seine Antwort vergesse ich nie: »Na ja, den zweiten Satz hat sie für meinen Geschmack ein bisschen zu schnell gespielt«, sagte er ganz trocken, dryly, »aber ich bin auch nur ein Mensch, **I'm only human,** und es ist doch ganz normal, dass mir schöne Menschen besser gefallen. Spielen können sowieso alle, die es bis hierhin schaffen!« Im Stillen dachte ich mir nur, was muss eine nicht so hübsche Kandidatin können, um zu gewinnen, es sei denn, um der Gerechtigkeit willen, for the sake of justice, equality, fairness, verbindet man den Juroren die Augen.

Justice may be blind, but **all is fair in love and war**. Haben Sie, mein Lieber, einen Waschbrettbauch oder eine Wampe, O-Beine oder X-Beine, Glatze oder grau melierte Haare? Wissen Sie was, es ist mir egal, »frankly, my dear, I don't give a damn«. I really don't care if you have a stomach like a wash board or if you have a pot belly or whether you have bow legs (O) or knock knees (X) or whether you are bald or distinguished-looking because your hair **is** going gray (AE) or grey (BE) at the sides. Bitte merken: my **hair is** and not my hairs are. Another example of those simple things in English that cause you great embarrassment when you get it wrong! Es muss Ihnen nicht peinlich sein, it is not beneath your dignity, unter Ihrer Würde, to be reminded of some of these small points, back to the roots, so to speak particularly since hair also has roots and you don't want to »blush to the roots of your hair«, bis zu den Haarwurzeln erröten. From now on, of course we shall get it right!

Vielleicht haben Sie sich auch schon überlegt, sich unters Messer zu legen? Have you considered it or given it some thought? Heutzutage muss man sich ständig topfit und schön präsentieren. Man darf sich nicht gehen lassen, sonst wird man als faul und undiszipliniert abgestempelt. Also nicht so sehr eine Frage der Eitelkeit (remember vanity?), sondern mehr **a sign of the times**, eine Frage der Mode, der Erwartungen des Umfeldes. Dick sein ist gleich dumm sein? In unserer heutigen Kultur ist dick sein scheinbar viel schlimmer als dumm sein! In anderen Kulturen gilt Korpulenz als Zeichen von Macht und Reichtum und sogar als schön. Ein arabisches Sprichwort lautet: »Eine Frau ohne Bauch ist wie der Himmel ohne Sterne.«

Es war nicht immer so, es gab Zeiten, in denen es angezeigt war, traurig auszuschauen und aus Kummer abgemagert zu sein. For instance: Lord Byron (1788–1824), English Romantic poet, whose poetry exerted great influence on the European romantic movement. Lord Byron bestellte bei dem weltberühmten Bildhauer Thorwaldsen eine Skulptur und setzte sich als Modell hin. Der Künstler war etwas überrascht, dass die Pose, die der Lord einnahm, so dramatisch war. Thorwaldsen sagte ihm, er solle sich bitte so geben, wie er sonst auch immer sei. Lord Byron war beleidigt, he was offended because in his opinion, er meinte, er sei immer so. Als die Büste fertig war, war er auch nicht zufrieden und sagte, dass er im Leben viel unglücklicher aussehe. Zu dieser Zeit war »Weltschmerz« modisch und sozusagen Pflicht für die damaligen Promis, obligatory for the celebrities of the time.

Pflicht für die heutigen Promis, celebrities, ist natürlich die ewige Jugend. Not a wrinkle to be seen, kein Fältchen weit und breit. 60-jährige Teenager, außen hui, innen pfui; außen Porsche, innen Droschke; von hinten Lyzeum, von vorne Museum. A nice English expression would be »mutton dressed as lamb«, wenn altes Hammelfleisch sich als Frühlingslamm verkleidet. Leider gibt es nicht allzu viele Möglichkeiten mehr, einen Vertrag mit dem Teufel zu unterschreiben, to **sell your soul to the devil**. Ich weiß, ich weiß, es passiert doch jeden Tag, aber das ist eine reine Geldsache und hat nichts mit der Seele zu tun. (Oder doch?) In seinem Roman *Das Bildnis des Dorian Gray* hat Oscar Wilde (1854–1900), der sich selbst als einen Mann, der in symbolischer Verbindung zur Kunst und Kultur seiner Zeit stand, bezeichnet, die tolle Idee gehabt (a **brilliant** idea?) after a pact with the devil, sein Hauptdarsteller Dorian Gray solle ein Porträt von sich älter werden lassen, während er, der Mensch selber, jung bliebe. (Wie etwas später im Lied von Alphaville, *Forever Young,* Refrain: I wanna be forever young.) Dieser Mensch sehne sich nach einem Leben, in dem Schönheit und Individualität wichtiger sind als gesellschaftliche Gängelung und engstirnige Moral. Erst so könne ein freier, körperlich wie seelisch gesunder Mensch entstehen. Totally free in body and soul, in mind and spirit. Dennoch verkauft sich diese Romanfigur an das Böse, findet aber beim Versuch, sein Gewissen zu töten, selbst den Tod.

Nevertheless, lässt sich heutzutage vielleicht für uns bald auch etwas Ähnliches wie dieses Bild erfinden, z.B. mithilfe der Holografie o.Ä. Der Markt dafür ist sicher sehr groß. Am Bildschirm kann man schon alles, im Multimedienzeitalter mit ein paar mouse clicks, kein Problem mehr on screen in today's multimedia age. Das Doppelkinn ist weg, die Cellulite wegretuschiert, Reithosenspeck schmerzlos abgesaugt (Reithosen, ganz klar ein englischer ländlicher Begriff für riding breeches). Der arme Oscar Wilde jedoch war ein Mann »before his time«, nicht nur, weil er sich als Homosexueller outete. Instead of becoming a celebrated millionaire, musste er jedoch zwei Jahre im Zuchthaus verbringen und kurz darauf starb er völlig verarmt im Exil in Paris.

Heute scheint Damentag zu sein, my dear Doubleyou. Trotz diesbezüglicher Emanzipation der Männer glaube ich nicht, dass dies etwas für Sie ist, nämlich ein ganzes Kapitel über die Schönheit. Ich bin mir sicher, Sie würden lieber etwas anderes tun, also bitte, ich bin Ihnen nicht böse, wenn Sie heute Ihr eigenes Programm gestalten möchten. Sie haben heute frei. Please feel free to **take the day off** and do whatever it is that men do when they have a day off!

*

Let's go back in time and take a look at developments. Die Felsenmalerei in der Sahara, ca. 7000 Jahre alt, zeigt Körperbemalung an den dargestellten Personen. Vielleicht war dies das erste Dokument für den Wunsch der Menschen, sich zu verschönern, sich zu schminken. Das alte Ägypten wird als die Wiege, cradle [***kreh-dl***], der Kosmetik angesehen, wofür die Ebers'schen Papyrusrollen ca. 1500 vor Christus den Beweis liefern. Das Schminken diente auch dazu, die Kastenunterschiede bei Feierlichkeiten deutlich darzustellen. Die Zutaten wie z.B. Veilchen aus Krene, Nardus aus

Assyrien kosteten schließlich ein Vermögen. The high cast Egyptian ladies parfümierten die Haare mit duftenden Ölen, schminkten das Gesicht in den Farben Rot und Weiß und färbten die Nägel rot oder gold, die Wimpern, Augenlider und Augenbrauen schwarz (eyelashes, eyelids, eyebrows).

Wir dürfen hier nicht den Mann vergessen, der uns ermöglicht hat, das Leben der alten Ägypter näher kennen zu lernen und besser zu verstehen, indem er die Hieroglyphen entzifferte (hieros = heilig, glyphen = einritzen, einmeißeln): Der erste Ägyptologe, the first Egyptologist, Jean-Francois Champollion (geb. 1790) beschäftigte sich sein Leben lang, his whole life, mit den Zeichen, Bildern und Chiffren in Form von Menschen, Tieren, Fabelwesen, Kleidungsstücken, Waffen, Geräten, Pflanzen, Früchten. Er beherrschte eine Fülle orientalischer Sprachen und war mutig genug, auch gegen die Meinung der gelehrten Welt eigene Wege zu beschreiten. He had the courage to go his own way, to **do his own thing**. Während des Napoleonischen Ägyptenfeldzuges wurde in der Nähe (in der Nähe ....) (*ich lasse nicht locker*) der Stadt Rosette eine Platte aus feinkörnigem schwarzen Basalt gefunden. Die polierte Seite zeigt drei Inschriften, eine hieroglyphische, eine demotische und eine griechische. Diese »Rosettana« can be seen today in the British Museum in London. Champollion verglich die Zahl der Hieroglyphen mit der Zahl der griechischen Wörter und kam zu dem Schluss, he came to the conclusion, dass die Bildzeichen zu zahlreich sind, um symbolisch für Ideen zu stehen. Er ging von der Prämisse aus, dass es sich hier um Lautzeichen handeln müsse. Well done,

Mr. Champollion, thank you very much for all your hard work.

Von den Ägyptern gelangten die verschiedensten Mittel über die phönizischen und jüdischen Händler, Phoenician and Jewish merchants, zu den Griechen und Römern, bekannt für fast übertriebene Körperpflege. Ein Beispiel: Gelbe Zähne und Mundgeruch, odour [*oh-dö*], waren damals, verständlicherweise, nicht erwünscht und die Zahnpflege, dental hygiene, wurde weiterentwickelt, indem man z.B. aus ätherischen Ölen gewonnene Duftstoffe mit desinfizierender Wirkung zu Pillen verarbeitete. The Greeks and Romans apparently also had toothbrushes which they used with powdered chalk, which is still in fact used today in the manufacture of tooth whitening agents. Everyone over 50 in England and USA can still sing the classic advertising slogan of early television advertising for toothpaste: »You'll wonder where the yellow went, when you brush your teeth with Pepsodent!« Ein peinliches Problem wurde angesprochen und selbstverständlich von dem Zahnpastahersteller bzw. von den Werbefachleuten gelöst.

Im 2. Jahrhundert vor Chr. hat man Zahnersatz aus Gold, Ebenholz oder Elfenbein erstellt (ebony and ivory, just like in the song by Stevie Wonder and Paul McCartney, jeweils mit ebony and ivory as skin colour). Irgendwo habe ich gelesen, dass König Ludwig II. von Bayern, auch wenn er nicht so alt war, fast keine eigenen Zähne mehr im Mund gehabt hat, sondern lauter Ersatzzähne aus Holz. Ja ja, »Häusle« bauen konnte er schon, aber Geld für schönere Zähne aus Elfenbein war anscheinend nicht mehr da. Das Rätsel über seinen Tod, Mord oder Selbstmord, ist damit für mich gelöst. Ohne Beißerle machte dem »Kini« das Leben sicher keinen Spaß!

Do you know the joke about the old man who sneezed so hard that his **false teeth** shot out, hit the floor and broke? His friend, let's call him John, told him not to worry as he had a contact who could help in this emergency situation, im Notfall eben. The next day John returns and hands a new set of teeth over to the old man. They **fit** perfectly (to fit = passen) and the old man is delighted. »Your friend must be a very good dentist«, he says to John. »Well, actually« (Na, ja ... eigentlich ...), says John: »My friend is not a dentist. **He's an undertaker**.« (Um diesen Witz zu verstehen, muss man natürlich wissen, dass **undertaker** wider Erwarten nicht Unternehmer, entrepreneur, bedeutet, sondern Leichenbestatter! Wäre hier vielleicht eine Marktlücke im Sinne von Recycling? Dentists may soon go out of business?)

Dass die alten Ägypter und Römer eine sehr große Körperkultur hatten, sieht man an den Beigaben in ihren Gräbern, in den Ausgrabungen ihrer Badezimmer. Das ist uns nicht unbekannt, jeder hat mal ihre Ruinen besichtigt. In Byzanz konnte der Schönheitswahn ungehindert fortschreiten. Mode war, das Gesicht wie eine Maske zu schminken. Die Kaiserin Theodora von Byzanz streute sich, sprinkled, Goldpulver in ihr blauschwarzes Haar, färbte ihre Wimpern schwarz und ihre Fußnägel, toenails, rosarot. Das jüdische Volk kannte ebenfalls die Mittel für Körper- und Gesichtspflege: Myrrhe, Lavendel, Rosenöl, Rizinusöl, Granatapfel, pomegranate [*pommi-grænnit*], etc. In der Heiligen Schrift wird erwähnt, dass die weibliche Schönheit oft Anlass und Ursache des männlichen Handelns war. Abraham heiratete Sarah, Isaak seine Rebecca wegen ihrer Schönheit. David rettete das Leben des bösen Nabals wegen der Schönheit seiner Frau Abigail. Not only the bible but also many of the classic legends handed down to us over the centuries. Here I only need to mention Helen of Troy (again) and as everyone knows, wegen der schönen Helena hat man sich jahrelang bekriegt. And so on, and so on ...

Die Inder und Chinesen lebten damals isoliert und hüteten lange ihre Geheimnisse. Wie viel sie schon damals wussten, zeigen uns zahlreiche Modeerscheinungen in der heutigen Zeit. Vor allem dann, wenn man mit der so genannten Schulmedizin nicht mehr weiterkommt, sucht man chinesische Ärzte auf. Akupunktur for example, wird als so genannte »**complementary medicine**« anerkannt, die Bezeichnung sagt, dass es nicht eine alternative Therapie ist, sondern eher eine begleitende, zusätzliche Behandlung. Man nimmt Ginseng (schmeckt scheußlich, don't you think it tastes horrible?) oder trinkt Kombucha für die Gesundheit und ewige Jugend. Kaum zu glauben, aber die indische Heilkunst Ayurveda ist nicht eine neue Erfindung der Marketingfachleute, sondern bereits ca. 4000 Jahre alt.

Die Japaner sind auch berühmt wegen ihrer Körperkultur (*The Japanese Way of Beauty*, Carol Publishing Group, New York). Die Ratschläge (**advice** *im Englischen immer als Einzahl, »advices« gibt es nicht; wenn ich unbedingt mehrere zum Ausdruck bringen will, muss ich pieces of advice sagen, aber meistens lässt sich das vermeiden*), die Ratschläge, die es aus einigen Tausend Jahren Erfahrungen gibt, sind Wegweiser für die Naturkosmetik heute. Na gut, es ist heute vielleicht nicht alltäglich, eine Maske aus Nachtigallensch..., äh, sagen wir aus Nachtigallenausscheidungen, nightingale droppings (bird **droppings** ist beschönigend und damit salonfähig), ins Gesicht zu schmieren, aber was tut man nicht alles für die Schönheit? **You have to suffer to be beautiful**. Angeblich bekommt man die Haut einer Geisha – zart, feinporig, wie Samt und Seide, skin like velvet or silk.

Nur die Christen, Christians, hatten nicht viel am Hut mit der Körperpflege. Für sie war es eine sündige Sache, demnach sind heutzutage manche Leute sehr christlich! Während des Christentums, Christianity, verkannten sie in ihrer übertriebenen Ablehnung (rejection) der Körperkultur leider auch die Bedeutung (hier: importance) von Sauberkeit wie z.B. häusliche Hygiene, domestic hygiene [*hei-djiin*]. Das Ergebnis: Serien von schrecklichen und tödlichen Epidemien und die Teilausrottung der Menschheit!

OK, we have almost been around the world on this cosmetic trip, now whom have we forgotten? Ah yes, the Arab world. Remember Lady Macbeth in a frenzy, wahnsinnig, washing her murderous hands? »Noch immer riecht es hier nach Blut; alle Wohlgerüche Arabiens würden diese kleine Hand nicht wohlriechend machen. Oh! Oh!« After the Fall of the Holy Roman Empire, there was a short commercial break, eine kurze Werbepause. Die Auferstehung des kosmetischen Wissens und natürlich auch der medizinischen Wissenschaften lieferten die hochgebildeten Araber im Mittelalter, in the Middle Ages. Ihre größte Erfindung, ohne die unser heutiges Leben undenkbar wäre (inconceivable [*inn-konn-siiv-öbl*], hatten wir bereits am Anfang dieses Buches) und das, was jeder Mensch, mit Ausnahme von 14-jährigen Buben, jeden Tag in irgendeiner Form benutzt? We all use it every day **in some form or other**: Seife. Soap. Where would we be without soap? No soap means no soap opera! What a thought!

Im Mittelalter hat man auch in Italien angefangen, die Kenntnisse der Araber in der Destillation zu verwenden. Sie fabrizierten Parfüm und versorgten ganz Europa damit. Sie hatten auch Mittel gegen Schwitzen, sweat [*swett*] not [*swiit*] (from sweat we have the word sweatshirt, of course, a shirt to sweat in), gegen Haarausfall (hair loss or in medical language alopecia), sogar gegen Sommersprossen, freckles, hatte man Mittelchen, und alles ohne Beipackzettel und den Hinweis, beim Arzt oder Apotheker nachzufragen.

Später, viel später, haben sich die Franzosen einen Namen in diesem Bereich gemacht. Monsieur Guy de Chauliac, Leibarzt von Philip dem Schönen, hatte ein tolles Rezept zur Gesichtspflege. Er empfahl, recommended, für die Nacht eine Packung aus Reismehl, Mandelkleie und Milch. Na? Kommt uns nicht so unbekannt vor! Catharina de Medici and of course the Sun King Louis XIV., Louis **the** fourteenth, caused the beauty business to boom, and soon followed up by the famous Madame de Pompadour, the mistress of Louis XV., Louis **the** fifteenth. Sie wissen ja, um ihre Pickel zu verstecken, to hide, conceal their pimples, haben sie sich mit kleinen patches aus Seide beklebt. Es wurde dokumentiert, dass Madame Pompadour etwa eine halbe Million Francs pro Jahr für ihre Mittelchen verschleudert hat. Es ist also kein Wunder, it can hardly come as a surprise, dass kurz darauf beim Nachfolger, successor, Louis XVI. [*lu-ii-säähs*] (*vielleicht nicht perfekte französische Aussprache, aber gut genug für die*

Briten), Louis **the** sixteenth, dem Mann mit den schönen Stühlen, die Revolution in Frankreich für ein Volk ohne Brot unumgänglich war! Unavoidable, inevitable, especially when his wife Marie Antoinette, also **accustomed to** a life of absolute luxury, was told that the people had no bread she reputedly (angeblich) said: »Let them eat cake.« This is often quoted in English. It is hardly surprising, kein Wunder, that she went to the guillotine.

In den turmhohen Rokoko-Perücken (you know the English word for Perücke is ....) und der pompösen, vielschichtigen Kleidung, multi-layered clothing, hatten die Läuse ein schnuckeliges Zuhause. (Läuse = lice. One louse, wie mouse, kommt selten allein vor, also Mehrzahl **lice**, wie mice, Mehrzahl von mouse. I sincerely hope, for your sake, that you don't need to know the word lice and that you don't need to apologise for scratching your lice in public.) Und der Gestank, pfui Teufel! What a smell, what an undescribable **stench**! Klar, da brauchten die Reichen Unmengen von Parfüm, um den Geruch von ungewaschenen Körpern und Kleidern zu überdecken. Meistens ohne Erfolg.

It was not until the late 18th century that a more natural appearance and most of all water for washing came into vogue again. Es wurde auch Zeit – **not before time**. Baden war »in«, in vornehmen Kreisen mit Badezusätzen wie Milch, Mandelmilch, Erdbeer- oder Melonensaft, mit verschiedenen Blüten und Pflanzenextrakten. Am Ende des 18. Jahrhunderts kamen langsam die Engländer auf den Geschmack. Frauen wie Lady Hamilton, die große Liebe von Admiral Horatio Nelson (1758–1805, British naval hero, killed in the

Battle of Trafalgar), gaben Unsummen für ihre Pflegemittel aus. Damals wie heute war die Frage die, was kann man sich leisten. »Quand l'Anglaise commence à être belle, elle n'en finit plus.« (Wenn die Engländerin anfängt, schön zu sein, dann hört sie damit nicht mehr auf.)

Die »typische englische Haut« der Vorzeigeengländerin, the so-called English Rose, ist allerdings nicht durch solche Pflegemittel erreicht worden, sondern ist, wie kann es anders sein, Ergebnis der geografischen und klimatischen Gegebenheiten: wenig Sonne, Dauerfeuchtigkeit und Meeresluft. And of course not to be forgotten, non-stop Teetrinken, was sicherlich zur Ausscheidung von Giftstoffen aus dem Körper beiträgt! Please don't quote me on that, it's just another opportunity (Gelegenheit) for me to give you another of my tea-theories. This is, by the way, the second time the word Ausscheidung appears in this chapter. Ausscheidung kann man in diesem Fall natürlich nicht mit »droppings« übersetzen (das wäre wohl zu einfach), da droppings nur für Vögel- und Tierexkremente wie z.B. mouse droppings gilt. Bleiben wir sachlich mit secretions (flüssig) und excretions (sonstige!). But how on earth did we get on to this subject? Oh well, it's all **part of life's rich pattern**.

Die moderne Kosmetik beruht zweifelsfrei auf alten Erkenntnissen und wurde stetig verbessert. Dazu kommen noch riesige Fortschritte in der Medizin, Chemie und Physik. (Progress, *das Wort progress ist auch immer Einzahl, wie oben erwähnt »advice« und wie übrigens das Wort information. For your information: Für die Mehrzahl von progress versuchen Sie es mit advancements, hier passt es auf jeden Fall.*) Heute vergeht kein Tag, ohne dass ein neues Wundermittel erscheint. Zusammen mit neuen Forschungsergebnissen z.B. im Bereich Ernährung und Sport und mit Unterstützung der Chirurgie und Zahnheilkunde kommen wir unserem Ziel (hier: target) der Perfektion näher. In the words of John Keats, immer auf der Suche nach Liebe und Vollkommenheit, aus seinem Gedicht »Endymion« (Sohn des Zeus, Endymion erhielt die ewige Jugend geschenkt): »A thing of beauty is joy forever.«

If all this is true, then can someone please tell me why Guildo Horn became a national hero, a cult figure? Is this the new German soul? Na ja, wenn er uns doch lieb hat ... **Are you with me**? Können Sie mir folgen? I suppose, there is always an exception to the rule, aber in der Regel ist die Frage der Schönheit heute aktueller als je zuvor. Warum? Der Kampf der Geschlechter ist nach wie vor im Gange. In fact the Battle of the Sexes has never gone out of fashion at all, but remains an ever-present and fascinating subject (hier Thema). Die Schönheit ist eine sehr ungerechte Waffe, vom Schicksal begünstigt oder nicht, it is unfair really, a trick of fate, whether you are born beautiful or not, aber immerhin eine Waffe. In diesem Kampf zwischen Männern und Frauen ist diese Waffe erlaubt und sogar erwünscht. Ein guter Soldat pflegt seine Waffe. A good soldier **takes care of,** he **looks after** (*o je, diese Präpositionen!)* his weapon. Eine Frau tut's auch. Und nicht nur wie die feschen israelischen Soldatinnen, die ich vor einigen Jahren sah, deren »dangling earrings«, lange, herunterhängende, baumelnde, metallene Ohrringe, genau zum Maschinengewehr passten, they matched the machine guns strapped across their chests, everything in the colour of gunmetal.

I shall **sign off** today with the words of Max von Stephanitz, dem ersten Präsidenten des Vereins für Deutsche Schäferhunde. (What's good enough for a German shepherd dog must surely be good enough for the rest of us): »Gebrauchstüchtigkeit ist das einzige Kriterium für Schönheit.« Take it or leave it.

May I remind you of what was said earlier on about zusammengesetzte Wörter, insbesondere für abstrakte Begriffe. (I bet you thought I was going to translate »Gebrauchstüchtigkeit« into English for you? Sorry, tant pis, but I don't think any of us really needs to know! Sie können es wohl umschreiben.)

Today taking my leave of you as the English do with lots of these:

x x x x x x x x x x x x x x x x x x x x x x x x

meaning heaps of kisses
viele, viele Bussis
from me

PS: Erinnern Sie sich an die zwei Frauen, die wegen Ehegattenmords im Gefängnis waren? Diesmal brauche ich das Postscriptum nur für eine Frau und nicht irgendeine Frau, sondern eine Frau mit zwei Männern. Es handelt sich um Königin Kleopatra von Ägypten und ihre zwei hochkarätigen Männer Julius Cäsar und Marcus Antonius. Der eine war ein Imperator, der uns seinen Titel in dem Wort »Kaiser« überlieferte, und der andere einer der größten Feldherren des römischen Reiches. If we wish to be historically correct, Cleopatra was not a great beauty, she was **not »drop-dead**

gorgeous« [*gohr-djöss*]. This is a product of imagination, first of all possibly by Shakespeare, who fabricated the love story between her and Mark Antony and then followed up by Hollywood with Liz Taylor in the title role, looking spectacularly glamorous in every scene. Nevertheless, more **power to your elbow,** darling (Kraft im Ellenbogen? Gemeint ist hier sowas wie gut gemacht oder bravo), you certainly knew how to **make the most of yourself**, das Beste aus dir zu machen, and go down in history as a breathtaking beauty, eine atemberaubende Schönheit. Oder hat die Faszination, die von ihr ausgeht, etwas mit Schlangengift, Freitod und sonstigen grausamen Schreckenstaten zu tun?

Ihre Lebensgeschichte und Liebesgeschichte könnte man auch so betrachten, moderne Frau im Altertum. Ihre Männer waren beide Lieblinge der Götter, gut aussehend, sehr intelligent, hochbegabt, berühmt und mächtig, Fazit also, erfolgreich bei Frauen. Seit Shakespeare sie bedichtet hatte und Hollywood einen Riesenschinken aus dieser Story produzierte, ist Kleopatra so sehr bekannt und beliebt, auch wenn diese ganze Liebesgeschichte Shakespeares Fantasie entsprang und das Ganze seine Erfindung war, auch wenn sie mindestens so herzzerreißend, heartrending, war wie *Romeo und Julia,* aber eigentlich wollte ich über Kleopatra klatschen und nicht schon wieder über die Werke von W.S. reden. Also, Ihre Majestät Kleopatra war überdurchschnittlich intelligent, of above-average intelligence, und gebildet und eine Frau, die wusste, was sie wollte, a woman who knew what she wanted. Sie wollte den Thron und dazu brauchte sie den guten alten Julius. He **got** her and she **got** the throne. Scheint sehr einfach zu sein. War es wirklich nur Berechnung, wie manche das behaupten, oder ist es möglich, dass sie den Mann mit solchen außergewöhnlichen Fähigkeiten wirklich liebte? Oder ist es doch wahr, dass sie ihn nur aus Interesse bezirzt hat, bewitched? Wir können das alles nicht beantworten. Ich habe aber noch nie gehört, dass eine wunderschöne junge Frau einen alten und hässlichen Mann ohne Geld geheiratet hat. You must be joking! Sie machen wohl Scherze. Steinreich muss er sein oder große Macht muss er haben. Umgangssprache: »the big cheese«, neudeutsch: der große Boss muss er sein.

Es wäre in ihrem Fall auch vielleicht alles besser ausgegangen, wenn die Liebe, die wahrhaftige Liebe zu dem wesentlich jüngeren (**quite a bit** younger!) Marcus Antonius nicht gewesen wäre. Ich glaube an dieses Märchen; die Kleo mit dem Toni. Hätte denn sonst der größte Dramatiker der Welt und aller Zeiten sich die Mühe gemacht, sie zu verewigen?

Vor einigen Jahren bereiste ich Ägypten und sah, was die Menschheit vor mehreren tausend Jahren schon in der Lage war, zu erschaffen. Was man damals schon alles wusste und berechnen konnte! Ich sah die Kulturschätze im Museum von Kairo und verstand, was für einen Aufwand der Pharao, engl.: pharaoh [*fæ-rō*], seine Gemahlinnen und die Priesterschaft trieben. The fascination of Cleopatra has lasted throughout the centuries. War es Schlangengift, from her asp? Freitod, Giftbecher, Mord und sonstige Schreckenstaten. In Hollywood ist alles Pappmaché und optische Täuschung, optical illusion, in Ägypten ist alles echt, genuine [***djenn**-ju-inn*].

End of PS: Warum, fragen Sie? Sie sagen, mein Liebling, es war so interessant für Sie wegen des älteren

Mannes und der schönen jungen Frau. Wir beide, the two of us, wir brauchen das o.g. Liebespaar nicht: Wir sind in unserem Leben Cäsar und Kleopatra genug. Unsere Liebe bedarf keiner Ergänzung. We don't need it.

Review

Let's talk money, money, money! A favourite topic here in the Federal Republic of **Germoney**.

1) **An expression for geldgierig**? .... Geld regiert die Welt? Money .... Neudeutsch: **Time is money**. This, believe it or not, is not a new expression. According to my information this expression, or something very much like it, was first uttered, geäußert, ausgesprochen, around 300 or so years before Christ. In the Good Book itself we also read that famous, much misquoted saying »The love of money is the root of all evil« (nicht wie oft zitiert, money is the root of all evil). I have said it before and I shall say it again: Some things never change!

2) **Das Wort für Sommersprossen** bitte. Hinterlistig, nicht wahr, ich weiß, ich habe Sie darauf nicht besonders aufmerksam gemacht, aber Sie sollten trotzdem aufpassen. Do you have freckles? Yes? You do? And at your age? Do you have some Irish blood in you?

3) Eine Übersetzung für **undenkbar** ....

4) On the subject of »**Läuse«.** As mentioned above, ist es wahrscheinlich (Ihr »probable« geht hier für wahr-

scheinlich, aber besser wäre »likely«), it is likely that you do not need to know the word for lice. On the other hand, a very useful word to know is the word »lousy«. Vermutlich eine Ableitung. Wenn es Ihnen gar nicht gut geht und Sie voller Selbstmitleid jammern möchten, sagen Sie einfach »I feel lousy« [***lau**-sii*] und Ihr Gesprächspartner versteht Sie. Häufig hört man das Wort **lousy** in Verbindung mit dem Wetter: »What lousy weather today!« Es kommt auch vor in allerlei schlechten Kritiken, wie z.B. über ein misslungenes Theaterstück: »a lousy performance«.

5) Eine Redewendung für »es wurde auch Zeit« ....
....

6) **Not**aufnahme? **Not**ausgang etc. ....
....

7) **Schehxpier:** A personal view of Rechtschreibreform, spelling reform. I need to **get one thing off my chest.** Sie sehen, ich bemühe mich und lerne schnell dazu, die deutsche Rechtschreibreform ins Englische zu übertragen! Einem Engländer würde es niemals einfallen, seine Sprache so zu verunstalten. The reason I'm introducing it here is that I had problems at the end of this chapter with groß, muss, Boss. Ich bin der Meinung, dass Goethes Sprache keiner Korrektur bedarf – aber mich hat man leider nicht gefragt. Sonst hätte ich wohl auch vorgeschlagen, dieses blöde ß abzuschaffen. Really! I would have suggested getting rid of **ß**. Meine Post aus dem Ausland wird immer an StraBe adressiert. Wenn Sie mit dem Ausland korrespondieren, schreiben Sie wie ich, immer **ss**, egal ob das

richtiges Deutsch ist oder nicht, es ist viel besser zu verstehen. Stichwort global communication. Thank goodness for the **post code** (BE) and **zip code** (AE) (Postleitzahl).

Answers:
not before time, emergency room, emergency exit

9

Culture vultures

Wir alle, die reisen, kennen die weltberühmten Museen, wie z.B. das British Museum in London, den Louvre in Paris, den Prado in Madrid, das Metropolitan Museum in New York. Ein Museum, das mir sehr gut gefallen hat, war das Guggenheim Museum in the Big Apple. Meine Cousine lebt in der Nähe, **near** (sorry to be such a pain about this. To be a pain in the neck ist etwa jemandem auf den Wecker gehen. Sie sagen es immer wieder falsch. Kein Filser-Englisch hier, not »in the near of«, no, no, no, ausnahmsweise ist es im Englischen viel einfacher, viel kürzer), sie wohnt in der Weltmetropole New York, hatte aber an dem Tag keine Lust, mit mir downtown zu gehen. (Wie sagt man denn in Englisch, dass man keine Lust hat? Hier würde ich vielleicht vorschlagen: »She didn't fancy going with me.« Das ist echtes, natürliches Englisch, nicht aus dem Schulbuch, und »fancy« haben wir sowieso im Kapitel 3 schon geübt.)

She was not interested in modern art, she said. Außerdem wollte sie erst am Abend ihre Nase aus dem Hause herausstrecken, da es tagsüber sehr heiß war, mehr als heiß, at least it sounded extremely hot to me when she said something like: »I'm not going out in 95 degrees.« This came as quite a shock until I realized she was »talking local« and this turned out to be Fahrenheit, of course (35 Grad Celsius). 0 °C = 32 °F. When it's really hot in England, für englische Verhältnisse um ca. 25 °C, the English enter a state of euphoria and say: »It's scorching hot! It's a scorcher!« Verbrennen? Versengen? Ausdörren? Wie gleich am Anfang erwähnt, ist die Sprache eine Frage der Weltanschauung!

Ich ließ aber nicht locker und versuchte sie zu überzeugen, persuade her, dass die Einfälle der zeitgenössischen Künstler sehr amüsant sein können. Contemporary artists really do often have some totally amusing ideas and I was sure that we would enjoy ourselves. It was hard work trying to persuade her to go with me. Wie ich mal in einem amerikanischen Movie hörte, dauerte es länger, sie zu bewegen, als Ernest Hemingway Zeit für seine Entscheidung brauchte, sich in den Kopf zu schießen. Makaberer Vergleich, was? Anyway, eventually she said, come on then, let's go, **you twisted my arm**. So brutal war ich nun wirklich nicht und habe ihr den Arm nicht verdreht – »you twisted my arm« ist einfach Umgangssprache für »überredet«, to persuade someone to do something.

Das Guggenheim Museum ist, wie Sie wissen, wie ein Schneckenhaus gebaut, also spiralförmig. Eine Schnecke, d.h. mit Häuschen, ist a snail und die ekeligen Dinger oben ohne, **topless,** sind slugs. Where was I? Oh yes, in the museum ... Man kann nach oben fahren und ganz gemütlich nach unten spazieren. Oben angekommen, sahen wir sofort einen Flügel. **A grand piano,** welcher ohne Deckel mit den Beinen an der Decke befestigt war. Mein erster Gedanke war: »Was hätte ich in meiner Kindheit für so einen Flügel gegeben!« An so einem Flügel kann man nämlich schlecht üben, or rather, you can't practice at all. (»You« ist übrigens ganz OK hier für »man«, da wir schließlich unter uns sind. Prince Charles sagt zwar immer »one is pleased, one is annoyed, one's children« etc., aber es gilt als übertrieben fein, nicht unbedingt nachzuahmen, es sei denn, Sie unterhalten sich gerade mit **His Royal Highness** oder **Her Majesty.**) In meiner Fantasie habe ich mir denn auch meine etwas üppige Klavierlehrerin vorgestellt, auf dem Stuhl sitzend schon, aber auch oben an der Decke befestigt, Kopf nach unten, und wie wäre bloß die Auswirkung der Erdanziehungskraft, the earth's gravitational pull, auf ihre nicht unerhebliche Oberweite? Susan kannte diese Dame auch, eine anerkannte Pianistin und Komponistin, und so erzählte ich ihr meine Fantasievorstellung. Wir fingen an zu lachen und als wir weitergingen, haben wir bei vielen anderen Objekten auch immer wieder für uns lustige Assoziationen gefunden. Wir haben so herzhaft gelacht, dass wir fast fürchten mussten, aus diesem Tempel der hohen Kunst wegen unangemessenen Benehmens hinauskomplimentiert zu werden. But it didn't happen, we were not politely escorted out of the building for **inappropriate behaviour,** unangemessenes Benehmen.

Und weil ich gerade dabei bin, von Museen zu schwärmen, erzähle ich Ihnen auch von meinem Lieblingsmuseum in Toronto. Museumsmäßig auch nicht genau nach DIN, nach Deutscher Industrie-Norm, by German standards. Ein Schuhmuseum. Köstlich. Even though (Even though ist schon mal vorgekommen, das weiß ich ganz genau, wissen Sie noch? Was bedeutet **even though** und wie spricht man **though** aus [thō]), even though I am sitting barefoot (barfuß) whilst writing this, but the shoes ... the shoes ...

Mostly thanks to the BATA shoe family, sieht man eindeutig, dass es nichts Neues auf der Welt gibt. Seit Jahrhunderten schaut man die neuesten Schuhe an, schüttelt den Kopf und sagt: »Wahnsinn, sowas gibt es doch gar nicht!« Doch, das gibt's, und zwar stehen hier mehr als 10.000 Schuhe aus ca. 5000 Jahren. Originally the village cobblers (Schuhmachermeister) of Zlin in Czechoslovakia (damals, in those days called Czechoslovakia, now of course called The Czech Republic and Slovakia), wurde die Familie Bata durch Fleiß, hard work, zum Welthersteller. 1939 verlagerten sie die Produktion nach Canada. The reasons for this **relocation** are obvious, I think.

In this museum, it's all there: »Footwear tells the whole human story, from animal hides (skins) that prehistoric cave-dwellers wrapped around their feet to the high-tech boots worn by astronauts.« Ötzi hatte ja schließlich auch Ledersandalen an. Und zwar ein absolut genialer Entwurf. (Bitte aufpassen, das deutsche Wort genial ist nicht mit dem englischen Wort genial [*djii-ni-el*] zu übersetzen, sondern meistens mit **ingenious** [*in-djii-ni-ös*]. What an ingenious design. Oder sagen wir einfach »a brilliant design«. Das geht immer und ist ganz aktuell, **brilliant** für alles, was Ihnen gefällt, was Sie toll finden. Haben Sie es sich schon eingeprägt? Na gut, war nur ein kleiner Hinweis.) Die Schuhe von Ötzi bestanden aus Sohle und Schnur und wurden (vermutlich) zur Isolierung mit Gras gestopft. Stuffed with grass for **insulation**, laces tightened, I like it as it sounds extremely comfortable to me. (Stolperstein hier mit der Aussprache von comfortable [***kam**-ftö-bl*], 1. Silbe betont, die nächsten zwei Silben gleichmäßig unbetont! Im Wörterbuch steht [***kamf**-et-ö-bl*] mit vier Silben, geht auch.) Also nochmals bitte, comfortable. That was **brilliant**!

Übrigens, by the way, it is believed that a British monarch was responsible for establishing the standardized (BE), standardized (AE) foot measure. (Etwas wie DIN, aber in diesem Fall BIN?) In 1320, Edward II. decreed (verordnete), that the measurement should equal a row of 36 barleycorns which was **the actual** length of his own foot. Each barleycorn, jedes Gerstenkorn was one third of an inch (Zoll) which is about 2.54 cm and which added up to 12 inches or one foot oder ca. 30,48 cm. Three of these are a yard = 91 cm (more or less!). I'm not very good at maths, so please take all this **with a pinch of salt** (cum grano salis, mit Vorbehalt). Es klingt alles so verrückt, nicht wahr, aber wer kann die Wichtigkeit des Gerstenkorns bestreiten? I don't know what you are thinking about, but somehow we return to the subject of whisky/whiskey again! John Barleycorn lives. (Hans Gerstensaft ist nicht tot?)

Damals waren die Schuhe sowieso nur für die rich and powerful, the well-to-do, mit anderen Worten for **the well-heeled**! Dieser Ausdruck well-heeled für vermögend etc. wird heute noch verwendet. Arme Leute schätzten sich sehr glücklich, wenn sie ein Paar Schuhe besaßen. Heute müssen die Schuhe auch Markennamen haben, a brand name, a **famous label**. Nicht dass sie dadurch weniger drücken (siehe Kapitel 3), sondern einfach, weil sie entsprechend mehr kosten, sie sind nach wie vor Statussymbole. Kürzlich stand in einem Bericht aus der Bronx-Gegend von New York, dass dort sogar jemand überfallen wurde, um in den Besitz eines Paares Markenturnschuhe zu kommen.

Whilst on the subject of feet it seems appropriate to go walkabout somewhere else. Let's move back to li'l ol' Europe, and not too far away from **my adopted home** is the Karl Valentin Musäum (his spelling, not mine) am Isartor in München. I just love his humour/

humor and I'm not even Bavarian! **Brilliant**! (OK, Schluss jetzt mit brilliant. Bin ich eine Nervensäge, am I **getting on your nerves**? Enough is enough.) As well as the famous Semmelknödeln versus Semmel**n**knödeln debate, I also like his joke »Auf dem Oktoberfest waren drei Achterbahnen, macht zusammen vierundzwanzig«. Leider kann man diese Wortwitze nicht übersetzen. (Achterbahn – **roller coaster,** aus dem Amerikanischen, dort wo der Nervenkitzel am größten ist.)

Ambiguity (Zweideutigkeit, Doppelsinn) und tragicomedy are words which come to mind; are you laughing at yourself or laughing at others? Er ist nicht weltberühmt wie sein Zeitgenosse Charlie Chaplin. Schade, dass seine Werke vielen Leute vorenthalten bleiben, da er angeblich nicht sehr gerne reiste. He was a hypochondriac [*hei-pō-**konn**-drü-æck*] und hatte Angst, ihm könnte etwas auf einer Reise zustoßen. Nach geheimen Wünschen gefragt, hat er geantwortet: erstens ewige Gesundheit und zweitens einen Leibarzt. First(ly), eternal good health and second(ly), a personal physician. Manche seiner Themen, wie z.B. der kleine Mann in der großen bösen Welt, sind mit Charlie Chaplin vergleichbar. Auch ähnelt er ihm ein wenig mit seinem Hut oder seinen großen Füßen. And now for our exercise in language:

Karl Valentin machte sich über alles lustig. In Bezug auf die Sprache ist der wohl bekannteste Spruch von ihm: »Mögen täten wir schon wollen, aber dürfen haben wir uns nicht getraut.« Sind Sie bereit für die englische Version? Also, wie wäre es mit: »We certainly would like to want to, but we didn't dare allow ourselves to.« Für linguistisch begabte Leute, wie wir es sind, ist das überhaupt kein Problem, oder? Ein Vermerk zu »dare« bzw. »daren't«: After **dare** you can use the infinitive with or without **to** – I wouldn't dare to ask him or I wouldn't dare ask him – ich würde mich nicht trauen, ihn zu fragen, but after **daren't**, dann bitte ohne **to**. I daren't do it heißt: Ich wage es nicht zu tun. I dare say: Ich darf wohl behaupten, dass es am Einfachsten ist, »dare« immer ohne **to** zu verwenden.

Anyway, then next time you are in Munich why not pop in and have a look around. Schauen Sie mal rein und schauen Sie sich mal um. The Musäum is open on Monday, Tuesday, Friday and Saturday from 11:01 till 17:29 and on Sunday from 10:01 till 17:29 and the price of admission used to be, ich weiß aber nicht, ob dies noch gültig ist: Früher kostete der Eintritt 299 Pfennige und war sogar »kostenlos für 99-Jährige in Begleitung ihrer Eltern«, 99-year-olds accompanied by their parents. I wonder why it is not open on Wednesday and Thursday?

I wonder too, ich frage mich auch, why most learners of English often confuse Tuesday and Thursday. Another of those **devious** little traps in the English language, die englische Sprache ist voll mit solchen hinterlistigen Fallen. You think you are speaking wonderfully well und gerade dann, you stumble (stolpern) over a simple thing like the days of the week. Aber ist es wirklich so einfach? Hier ist wieder ein Beispiel für das Mischmasch, the mixed origins of the English language and it's therefore not immediately logical, nicht sofort nachvollziehbar: Saturday, Sunday and Monday take their names from Saturn, the sun and the moon respectively. The rest are pagan gods! (Pagan, sprich *peh-gn*, heidnisch.) If you really want to know, Tiw, Woden, Thor and Woden's wife Frig for Tues.,

Wednes., Thurs. and Fri., but I don't know why I'm telling you this, because it doesn't help us to distinguish Tuesday from Thursday. Eine Eselsbrücke würde hier dringend gebraucht, um Tuesday und Thursday nicht mehr zu verwechseln, aber ich habe leider keine, Sie vielleicht? Donnerstag und Thursday haben zwar beide ein »r« drin, Dienstag und Tuesday nicht, aber wer denkt an so etwas in der Hitze des Gefechts, **in the heat of the moment**?

Since we **happen to be** in Munich at the moment, how about a little shopping in Maximilianstraße? Why are all the clothes in the shop windows size 36? Fast so schön wie in Oxford Street, Regent Street oder Bond Street und definitiv genauso teuer. (*Bitte merken: in Oxford Street, in Bond Street ohne Artikel! In* **der** *Maximilianstraße ist schön und gut, aber im Englischen können wir ruhig auf »***the***« verzichten. Das wissen Sie schon? Logo, of course you do, sorry.)* Für Oxford Street bin ich eigentlich zu alt, lauter Teenie-Modehausketten und Musikgeschäfte, für Regent Street bin ich definitiv zu jung, dort gibt es cashmere und Scottish plaids [*plæds*] (keine [*plehtss*] hier) und für Bond Street fehlt mir leider die Kohle, I don't have the **readies** (ready cash, Bargeld), **dough**, **lolly**, **bread** to buy such teuren Klunker. Why are there no prices to be seen in the jewelry shops for these little trinkets? »If you need to ask the price, then you can't afford to buy it.« Neudeutsche Übersetzung: Peanuts! But we'll go to London again another time, and try out all the insider tips together and find some super **bargains**, Schnäppchen, Sonderangebote. For the moment however, we return to our lunchin' in München. (Say this **out loud** with an American accent.)

Now that we are exhausted from spending money, Honey, let's go into a Biergarten and »hang around« for a while in the sunshine. I'll have a low alcohol beer, I actually like the taste and with it I'll have something with sauerkraut, please. Irgendwas Deftiges, wie es sich gehört. Bon appetit! I can't wish you guten Appetit in English because the Brits are not interested in other people's appetites, only their own, apparently. There is no generally accepted English translation for »Guten Appetit«. If you are in my house and I have cooked for you, I may »hope that you **enjoy your meal**« otherwise as an international jetsetter and social butterfly, a socialite, a woman of the world, one of the glitterati, may I wish you an international »Bon appetit!«.

Sitting here in the sunshine makes me think of Gauguin und Südseeinseln! ... (Nun, wir wissen ja beide, dass wir eine Fantasiereise zwecks Englischlernen zusammen unternommen haben. Damit begründe ich meinen Gedankensprung von einem Biergarten in München zu Gauguin auf Tahiti! Don't be too critical, it's **all in a good cause** and therefore justified, gerechtfertigt, at least **as far as I am concerned**! You know I have your best interests at heart.) Denkt man nur ans Aussteigen, wenn die Sonne scheint? Do you remember when you and I went to the Gauguin exhibition when this was »on tour« in various German cities? Paul Gauguin (1848–1903)* loved the sun as much as his **chum, buddy, pal, mate**, Freund und Kumpel, Vincent van Gogh (1853–1890)*, you know, the one who looks like Boris Becker and who first cut off his ear and later shot himself at the age of only 37! Both Gauguin and van Gogh were poor, sick men who led unhappy lives. On his South Sea island, Gauguin was inspired by the happy people and vivid colours. Seine Gemälde aber konnte er nicht essen. Gauguin, one of the greatest painters in the world, **could not make ends meet,** er kam mit seinen Einkünften nicht aus, and in order to **keep the wolf from the door,** he had to work in a government office. Der arme Kerl. The poor man, chap, fellow. Warum denke ich hier an den lustigen Spruch, den kennen Sie doch bestimmt: »Better to be rich and healthy than poor and sick!«

*

Another day, another place.

It's a cold and rainy day, so what shall we do? I thought I would leave you now as I am going to, I'm off now to, the Salvador Dalí exhibition, 130 Originale aus der Sammlung Albaretto. On second thoughts, do you want to come with me? That would be nice. »Wenn Sie mir bitte in die nächsten Räume folgen wollen? Hier entlang, kommen Sie ruhig ein bisschen näher.« **Let's have a day out together**, far away from the written word. Please look in your filofax, your planner, your laptop, ask your secretary and see if you can spare a little time for me and for the finer things of life? You can? Wonderful. I shall look forward to it. Fluff up your tail feathers (sich aufplustern, wie ein Pfau, like a peacock) and let's go! What better way to spend the time? My hands are cold. Che gelida mani-

---

* *I trust that you are reading these dates in English, eighteen forty eight to nineteen »**oh**« three, eighteen fifty three to eighteen ninety. Übung macht den Meister.*

na. Please take my hand in yours. You know what they say: »**Cold hands, warm heart**.«

The Dalí exhibition was lots of burning giraffes and Schubladenfrauen. »Die Lust an der Provokation, seine Maßlosigkeit, die Vorliebe für das Paradoxe und seine Egozentrik brachten Salvador Dalí große Popularität ein.« (Carolina Brook) Provocation, excesses, immoderateness, egocentricty. At least he was able to enjoy his success during his lifetime, he certainly **made the most of it**, whether working as a window dresser (Schaufenstergestalter) und Modedesigner 1940 in New York, danach Zusammenarbeit mit Alfred Hitchcock, Luis Buñuel oder Luchino Visconti; später Ehrenmitglied, honorary member of the Académie des Beaux Arts in Paris, von König Juan Carlos zum Grafen ernannt und natürlich hatte er »nebenbei« auch Ausstellungen in den bedeutendsten Kunstmuseen und Galerien der Welt. He died in the year when the Berlin Wall fell and made the Spanish nation his **sole heir** (Aussprache air wie Luft, da hier »h« nicht ausgesprochen wird, **an** heir, a sole heir, Alleinerbe).

Well, now that was probably more than enough culture for one session, definitiv mehr als genug für eine Sitzung. As I said, I don't want to overdo it (übertreiben) here with too much culture [*kal-chö*] all in one chapter. You can have too much of a good thing. Being a culture vulture can be a dangerous thing. Vulture (Geier), weil das Wort »vulture« sich so schön auf »culture« reimt, ein netter Ausdruck für einen kulturbesessenen Menschen, die Gier der Kulturbesessenen kommt richtig rüber, finden Sie nicht? Was meine ich mit gefährlich? Have you ever heard of the »Stendhal syndrome«? **Neither had I,** ich auch nicht (bitte unbedingt merken und vor allem üben, üben, üben), until recently, and I thought it was a joke, but it's not. There really is a bunch of (colloquial English, it should be »a group of«) scientists sitting around in Florence/Florenz/Firenze analysing this condition. Stendhal syndrome is a »condition of stress and disorientation affecting tourists who are over-stimulated by visiting art galleries and other centres of culture«. Ich könnte mir denken, Sie glauben mir nicht. If you think I am making this up, i.e. that I have invented this, then please read the *Daily Telegraph* of 5th June 1986: »After three years of study, doctors there (in Florence) have identified a new illness afflicting tourists, particularly single, middle-aged women who have lived monotonous lives.« Ich habe es also nicht erfunden.

The *Daily Telegraph* is a serious newspaper, kein Boulevardblatt, not a tabloid [*tæbb-leud*]. The *Daily Telegraph* is read by Conservatives, by people who worship (anbeten) Margaret Thatcher and who still think the country is run as it used to be run, früher also (**run** für leiten, das Sagen haben, den Laden schmeißen oder, so einfach im Neudeutschen, »managen«). This is definitely not *The Sun* which, although (obwohl) it is a very popular English newspaper, it is certainly not a serious newspaper. The reports are not necessarily true, entsprechen nicht unbedingt der Wahrheit, but they are always sensational, and mostly accompanied (begleitet) by a photo of a naked woman [*neh-kid*] *mit zwei Silben*. Its readership comprises (besteht aus) the so-called working classes and it is perhaps comparable (vergleichbar) with the Zeitung hier in Deutschland mit vier Buchstaben. I said **perhaps**, as this is only my humble opinion (*well now, did you make a note of this* *expression the first time it appeared*?) and is not a proven fact, keine nachgewiesene Tatsache, and I don't want an action for libel [*lei-bl*] or slander here, ich möchte hier keine Verleumdungsklage auslösen. Basically (grundsätzlich) readers of *The Sun* »don't give a f..k who runs the bleeding country, providing she's got big tits«. (Zitat aus *Sprachbuch Großbritannien und Irland*, Emer O'Sullivan & Dietmar Rösler) Meine anständige Übersetzung lautet: Es ist ihnen ziemlich egal, wer das Land regiert, vorausgesetzt, sie hat große .... (Ambitionen?). *Sun*-Leser waren sowieso niemals im Leben nicht mal in der Nähe einer Kunstgalerie oder eines Museums, bleiben wir also lieber unter den *Daily Telegraph*-Lesern.

Wie kommen denn diese Herren Professoren in ihrem **ivory tower** auf die Bezeichnung Stendhal-Syndrom? Stendhal (Henri Beyle, 1783–1842) visited Florence on 22nd January 1817 and after taking in all the splendours of that city during the same morning he wrote: »I was seized with a fierce palpitation of the heart (...) and I walked in constant fear of falling to the ground.« Also, ich bitte Sie, starkes Herzrasen und ständige Angst, in Ohnmacht zu fallen? Does this mean that Stendhal was a middle-aged woman who had lived a monotonous life? Certainly sounds like it to me! (Ohne Zweifel ein Warmduscher: What a **wimp**! A weak, ineffectual person. Was für ein Waschlappen!) Kaum zu glauben, well no, he wasn't a middle-aged woman but a young man in **the prime of life,** sozusagen in den besten Jahren. He was obviously not a good tourist and nowadays he would have no chance of **keeping pace with**, Schritt halten mit the average VHS- oder Studiosus-Bildungsreise in the company of a coach (spezielles Wort für Reisebus) full of (**full of** bitte und nicht **full with)** top fit, mentally alert, single, middle-aged female culture vultures intent on having a good time. Which reminds me of the joke about American tourists who are »doing Europe«, sie machen eine Europa-Rundreise in seven days: »Well, Honey, it's Tuesday today, so this must be the Acropolis. It should look nice when it's finished!«

Whilst on the subject of syndromes, doctors, illnesses, etc., I have just remembered that I have an appointment today with my doctor, my GP [*dji-**pi***] as the Brits say, my general practitioner [*prækk-**tisch**-ön-ö*], and so I shall have to stop here for the moment as I really must dash! And yes, it really is an appointment, as I do not have a date with my doctor. Man muss aufpassen: »Termin oder Verabredung« sind ziemlich neutral in der deutschen Sprache, aber in der Englisch sprechenden Welt gilt die Entscheidung: business or pleasure! I have **appointments** with dentists, hairdressers, lawyers, tax consultants and bank managers. I have **dates** in romantic locations with one person of the opposite sex. (Vorurteilalarm! Selbstverständlich sind unterschiedliche Geschlechter keine Voraussetzung für ein romantisches Rendezvous.) When I go out with family or friends, then I just meet them or see them, without dates or appointments. Bitte übersetzen Sie: »Ich bin mit Freundinnen verabredet.« .... Na, was haben wir denn gesagt? »I have an appointment with girlfriends«? I thought so. Die bevorzugte Übersetzung lautet: »**I am meeting some friends.**« Not only correct but also discreet.

Anyway, my dear, as I said, I have to tear (*diesmal ter mit ĕ nicht ii*), I must tear myself away from you now, as **I really must dash** (mich beeilen, mich schicken) into the city centre and then comes the fun part, namely looking for a parking space which, as I'm sure you know, einen Parkplatz suchen ist ähnlich wie die Suche nach dem Heiligen Gral, like the search for the Holy Grail. So I shall leave you now and in German, ich komme gleich wieder, bin gleich wieder da, in der Übersetzung: **I'll be back soon**. And now, for the real English version, not a translation but what people actually say: »**I shan't be more than a couple of hours**.« In this case a couple of hours, nützlich, wenn man sich nicht festlegen möchte, wie z.B. see you in a couple of weeks, I had a couple of drinks, there are a couple of points we need to talk about etc.

See you later, alligator.

*

Hi!

Here I am, back again, your venticello, your little wind, with more news and gossip, Geschwätz. I found a parking space which didn't cost too much. I thought it was almost the same price as a deposit on a flat (BE) or apartment or condominium (AE). Parking zum Preis von einer Anzahlung auf eine Eigentumswohnung. This is a **slight exaggeration** here, I know, but that's my style, **I am given to** exaggeration (Übertreibung). I relaxed by reading all the latest scandals in magazines in the doctor's waiting room. Doctors always make you wait, don't they? Sie fragen sich, ob ich krank bin? You may be wondering **what is the matter with me**, what is wrong with me, if I am ill, but

I don't think you need to know the reason, so **I'm not going to go** into detail, into »**the whys and wherefores**« of my appointment, it was just a routine check-up. **Routine check-up** (routine examination geht auch) hier im Sinne von Vorsorgeuntersuchung, vorbeugen, prevent. Es gibt zwar preventive medicine, aber eine preventive examination gibt es nicht. Don't worry about me, my dear, I'm as **fit as a fiddle**! (Idiom for **bursting with health**, vor Gesundheit strotzen.)

Please accept my apologies (sehr fein, der Ausdruck, nicht wahr? Bitte merken, damit kann man sich sehr schön entschuldigen, wie zum Beispiel in den vielen Geschäftsbriefen, die mit einer Entschuldigung anfangen, Sie wissen ja, »wegen einer Geschäftsreise komme ich erst heute dazu ...«). **Please accept my apologies** [*æ-pol-lö-djiis*] for wandering away from the subject again, but I do have a life to lead (*liiiiiiiiiiiid, nicht ledd*) just as you, too, have other things to do when you are not reading this. Now to finish off the subject of wellness, however, I don't want to take the risk of driving us to exhaustion, uns bis an den Rand der Erschöpfung zu treiben, diese Gefahr gehe ich nicht ein. I certainly don't want us to get breathlessness and buzzing (summen) in **our** ears, so perhaps it would be wise to bring this chapter to a close.

Bitte passen Sie auf sich auf. I'm assuming, ich vermute, you will be flying off soon to another business meeting in another part of the word. Das bringt Jetlag mit sich sowie hours of stressful negotiations, sleepless nights in international chain hotels which all look alike (they all look the same). This is the price of being a yuppy, a **y**oung **up**wardly-mobile **p**erson. Young? Well, you know what they say, »**you're as old as you feel**«.

You globetrotters are all the same, alle gleich, so betont unbeteiligt, so cool, you've seen it all before. Ich dagegen bin ein hoffnungsloser Fall, **a hopeless case** – ich liebe es, Touristin zu sein, am Eiffelturm herumzuklettern und eine Unmenge Geld für ein Glas Wasser auf der Champs Elysée zu bezahlen, die Tauben in Trafalgar Square zu fotografieren, auf einem Mississippi Riverboat zu reisen, Alligatoren in Florida swamps mit marshmallows zu füttern, Sachertorte in Wien, in Vienna, zu essen, auf der Spanischen Treppe in Rom zu sitzen, Aal am Hamburger Fischmarkt zu kaufen, to sit in a gondola in Venice, Venedig or even in Venezia, mit oder ohne »O sole mio«. **The list is endless,** but I don't need to tell you all these touristy places we all know and love. Auch wenn nicht jeder das zugibt.

I can only suppose that this **attitude** of mine was formed and developed, wurde mir eingeprägt, als ich als Studentin mit Rucksack und ausgestrecktem Daumen unterwegs war. The Hitchhiker's Guide to Europe. That was in the days when hitchhiking was still relatively safe, or at least you thought it was, unlike in today's big bad world. Damals hatte man kein Geld (wie heute, Sie wissen ja, plus ça change ...), dafür aber jede Menge Begeisterung, not to mention Tatendrang, zest or thirst for action, und Unternehmungslust, **entrepreneurial spirit**.

Mit 20 Jahren ist es kein Problem, wenn man den Bus verpasst hat und sich mitten im Nichts, ohne ein Dach über dem Kopf befindet, wie ich mal in Norwegen. Ich habe die Sprache nicht beherrscht und landete abends in einem vorsintflutlichen Bergdorf in einem **time warp,** ohne Strom und fließendes Wasser, als ich unterwegs zu meinem Ferienjob in einem Hotel war, wo die Gäste nur mit ihrem privaten Helikopter eingeflogen werden konnten. So there I am, I missed the bus, didn't I, and in this antediluvian village I had to find a bed for the night. There was no **running water,** but there was a lovely big ceramic jug and bowl with ice cold water in my room.

Well, **eventually** I made it to my holiday job. Sechs Wochen Knochenarbeit in der Küche habe ich überlebt: Smørgasbørd vorbereiten, Ziegenmilch holen, Brötchen backen, Ochsenzunge schälen, taking off the top layer of tongue skin sowie von frisch gefangenen, noch zuckenden, still twitching, Fischen die Innereien, innards, herausnehmen. No problem at all. Except that to this day I still do not eat ox tongue. And I certainly do not want to go into a restaurant and pick out, choose a fish from those swimming around in a tank and **pronounce the death sentence** on it. (Können Sie das Todesurteil für einen Fisch aussprechen?) Then it is sent into the kitchen for some poor student like me to hit it on the head with **a blunt instrument** mit einem stumpfen Gegenstand (wie in den meisten rätselhaften Mordfällen) and quickly take out warm, pulsating internal organs.

I had a similar experience in London, not in the kitchen of a hotel this time, but I mean here the sort of experience you have when you are young and green and excited, noch begeisterungsfähig, and in another city or country for the first time. Ein unvergessliches Erlebnis, an experience you never forget. Ich gestehe, London ist eine meiner Lieblingsstädte. Während eines Aufenthalts in London habe ich immer das Gefühl, dass in meinen Adern Champagner fließt. With Champagne flowing in my veins bin ich immer wieder überwältigt, overwhelmed, von der Atmosphäre, wie besoffen. Sie müssen mir verzeihen, wenn ich ins Schwärmen komme und damit nicht aufhören kann.

Das erste Mal in London habe ich es fertig gebracht, innerhalb einer Woche die Sohlen meiner neuen Schuhe durchzulaufen. The soles of my new **pair of shoes** were completely worn out. Mit einer Freundin, einer Japanerin, lief ich von frühmorgens bis mitternachts (here I'm exaggerating again, it was not exactly from daybreak, i.e. **from the crack of dawn,** till midnight, but it just seemed like it at the time) in London herum, City, West End und auch in den Außenbezirken, alles wollten wir in uns aufsaugen.

One evening, es war bereits spät und wir mussten nach Hause. In the words of a very old song: »Show me the way to **go home**, I'm tired and I want to **go to bed**.« (*Go home bitte ohne Präposition und ohne Artikel, go to bed bitte mit Präposition und ohne Artikel.*) Ich war müde und hatte die Nase voll, die Straßenkarte zu lesen. I was so **fed up**, ich nahm die Karte und drückte sie in die Hand meiner Freundin mit den Worten: »Ich habe mich den ganzen Tag abgemüht, die Straßenkarte zu lesen. Wir müssen jetzt in die Stadtmitte zurück. Du bist aus Tokio, Du müsstest das auch können.« Sie übernahm die Führung. Oh dear! Anstatt heller Großstadtlichter im city centre wurde es immer dunkler und ungemütlicher. Wir hatten uns verirrt, **we were lost** (we got lost), wir zwei Mädels, und befanden uns in einer ausgestorbenen Gegend, wo merkwürdige Gestalten, ungepflegte, tätowierte Männer, uns mit großer Neugierde betrachteten. Furcht erregend. We were really **scared**. Die japanische Pfirsichblüte zitterte vor Angst und sagte immer wieder nur »Oh Gott, oh Gott. Sie werden uns umbringen oder vergewaltigen oder entführen oder ...« Ich versuchte sie zu beruhigen, no-one was going to kill us nor rape us nor kidnap us nor **anything of the sort**.

Dann kamen uns zwei junge Männer entgegen, groß und stark, voll tätowiert, unrasiert, die nicht gerade unser Vertrauen erweckten, they did not exactly **inspire confidence** in us. Ich kam mir vor wie in einem Film, aber eigentlich blieb uns keine andere Wahl. Since we had no choice, no alternative, nahm ich all meinen Mut zusammen, I **plucked up courage,** und fragte höflich: »Entschuldigen Sie, Sir, aber wie kommen wir bitte zurück in die Stadtmitte?« Die Antwort haben wir natürlich nicht verstanden. Kein Wort. »Please speak slowly and clearly, I'm afraid I did not understand, sir!« Einer nahm die Straßenkarte von uns und fragte, wo wir hinwollten. Sie lachten beide und sagten, dass wir gerade in die genau entgegengesetzte Richtung gingen, wie peinlich, **how embarrassing** to be going in the exact opposite direction. Die Typen sprachen langsam und einigermaßen deutlich, so gut es ging, aber trotzdem haben wir wenig verstanden und haben vermutlich ganz blöd geguckt! **We must have looked pretty stupid**. Wir sollten mit ihnen gehen! Und wohin? Unsere zwei Straßenkavaliere brachten uns artig zur nächsten Bushaltestelle, warteten mit uns und als der Bus kam, erklärten sie dem Fahrer, wo er uns herauslassen soll.

Wir bedankten und verabschiedeten uns (am einfachsten: We **said thank you** and **said goodbye**, took leave of them). Unsere Angst war verflogen und im Bus fühlten wir uns in Sicherheit. For the moment we felt safe. Wir fuhren sehr lange! Auf einmal hielt der

Fahrer und rief aus, dass die two young ladies hier aussteigen müssen, und erklärte uns ausführlich, in detail, wie es weitergeht. Für mich bedeutete das, dass ich noch mit einem Zug fahren musste, um das Haus meiner Gastfamilie zu erreichen. Es war ziemlich spät, mitten in der Nacht wäre nicht übertrieben, und die Gastfamilie war noch auf und sehr besorgt um mich. My host family were very worried about me. Ich hatte mich zwar beruhigt, sah aber noch bleich und geschafft aus, sodass man mir sofort einen großen Cognac einschenkte. So I began to tell them about my adventures and als ich erzählte, wo ich gewesen war, schenkten sie sich, beide Nicht-Trinker, genauso einen double Cognac ein (oder war es »nur« brandy/Branntwein?). Ich erfuhr erst später, dass wir in der gefährlichsten und gefürchtetsten Hafengegend gewesen waren. »Normale« Londoner fahren nur mit dem Taxi hin und zurück, wenn sie dort in einer berühmten Fischerkneipe essen wollen, denn dort gehören Messerstechereien zur Tagesordnung! All in a day's work! Ich dagegen hatte nur Hilfsbereitschaft und Freundlichkeit von zwei einfachen Männern, aber dafür zwei Gentlemännern, erfahren!

Wir sind aber heute ganz schön rumgereist! Time to slow down. Beware of excess! I don't want you feeling faint, but if you do, you can rely on me, you know, I shall be at your side immediately to give you the **kiss of life** (hört sich irgendwie sehr poetisch an, nicht wahr?), Mund-zu-Mund-Beatmung. Mouth to mouth resuscitation gibt es natürlich auch, aber wer möchte nicht jemanden mit einem Kuss zum Leben erwecken?

And talking of kissing, I seem **to be at a loose end** at the moment. Ich habe gerade nichts vor. **The coast is**

clear. Die Bahn ist frei, die Luft ist rein. Let's rumple the sheets together (die Bettwäsche zerknittern). Wie wäre es mit pâté de foie gras auf Toast? Wen kümmern die Krümel im Bett? ...

... Oh dear, quel horreur, der Champagner ist alle. Bestellen Sie uns bitte noch eine Flasche, Liebling, und ich möchte eine Zigarette rauchen. Was für ein herrlicher Tag! It was a wonderful day, don't you think so? Was haben wir heute schon alles erlebt!

Sie möchten mir noch einen Gute-Nacht-Kuss geben? Waaas? A goodnight kiss, is that all?

Doosie

Review

Repititio mater studiorum est!

1) **Unangemessenes Benehmen** ....
The very same words were used by President Clinton when he apologized to his nation, you know what I mean, als er sich für seine Lüge entschuldigte. Was für eine Lüge? »I did not have sexual relations with that woman.« Ich mache hier eine kleine Pause, um ein bisschen Musik zu hören. Ich weiß nicht warum, aber die Zauberflöte von Mozart geht mir nicht aus dem Kopf! Hätte der Clinton vielleicht besser gesagt: »Ich habe nur die Zauberflöte mit dieser Frau gespielt, da ich so kulturbesessen bin.«

2) **Centigrade/Celsius versus Fahrenheit:**
You remember 32 °F = 0 °C? It is hard to get the old ideas out of your head. Maybe it's just a question of

the generations, the new generation has no problem at all with such changes. Since global communications have opened up all the possibilities and there are no strange new concepts, everything is selbstverständlich.

3) **To continue with our maths lesson**:
Inches, feet and yards:
12 inches = 1 foot, 3 feet = 1 yard
Ounces, pounds, stones:
16 ounces = 1 pound
(*Die Abkürzung* ***lb*** *steht für lateinisch libra. Wer sich gerade in England befindet, sollte die Abkürzung lb nicht mit l.b.w. verwechseln. l.b.w. bedeutet* ***l****eg* ***b****efore* ***w****icket und ist ein schwerer Fehler beim Cricketspielen, und im übertragenen Sinne auch ein Fehler unter den Cricket-besessenen Engländern.)*
14 pounds = 1 stone
Most English women have probably said at least once in their life: »I weigh around 10 stone but should really weigh around 9 stone, when I was younger I used to be 8 stone.« Anyone under 7 stone must be anorexic!

4) **Isolierung/ Isolation** ist nicht English isolation. In der Sache mit Wärmedämmung heißt es auf jeden Fall **insulation**. Natürlich gibt es auch das Wort isolation in der englischen Sprache, aber das hat mit Trennung zu tun, wenn ein Mensch wegen einer ansteckenden Krankheit oder aus anderen Gründen von dem Rest der Welt isoliert wird.

5) **Überredet** bitte auf Englisch ....

6) **Boulevardblatt** bitte auf Englisch ....
Die Wahrheit ist Nebensache, die Nachrichten werden – **the news IS –** in kurzer, einfacher, leicht verständlicher Form gebracht. Seltsam, aber wahr, **news** sieht aus wie eine Form der Mehrzahl, verlangt aber Singular, wie z.B: »**No news is good news.**« Ein wahres Wort.

7) Can you remember the word for **Reisebus**? Not so difficult really, when you think that this word used to mean eine Kutsche (die hat nur noch die Königin). Ich habe schon mehrmals angedeutet, dass die Briten sich strikt gegen Änderungen wehren.

8) **Achterbahn** please .... nützlich vielleicht im übertragenen Sinne, da wir alle »on **the roller coaster of life**« sind, i.e. **life with all its ups and downs**, sometimes you are riding high and sometimes down in the depths. Das eingedeutschte »Looping« kommt von looping the loop, from aeronautics or from these ever more spectacular and thrilling roller coaster rides. Not for me, thank you.

Answers:
inappropriate behaviour, you twisted my arm, tabloid, coach

10

Der Alltag lässt grüßen

Good morning, my dear Doubleyou,

This morning I checked my e-mails in AOL and like every morning, I had a quick look at my horoscope. To **have a quick look**? Einen schnellen Blick reinwerfen. I ignored the picture in the corner of the screen with the caption [*kæp-shönn*] (hier Bildunterschrift) which said »richtiges Naseputzen«. Do I really need my PC to tell me how to blow my nose **properly,** richtig? Determined (entschlossen) not to look at this exciting article, I resolutely (entschlossen!) clicked on my horoscope. It was wonderfully positive as always:

»Sie zeigen sich heute von Ihrer schillernden Seite! Verblüffend verwandlungsfähig, mit einer schier unerschöpflichen Fantasie verdrehen Sie alle Köpfe. Ihre Familie und Freunde kommen aus dem Staunen nicht mehr heraus. Der Mond lässt Sie auf Wolke sieben schweben.«

O je! Mein erster Gedanke: Der Mond hat mich doch gar nicht schlafen lassen! Ich habe wirklich schlecht geschlafen und bin schlecht gelaunt, in a bad mood, aufgestanden. **I got out of bed on the wrong side,** mit dem linken Fuß zuerst aufgestanden. Auch wenn ich früh ins Bett ging, um gesund, reich und klug aufstehen zu dürfen: *Early to bed, early to rise, makes a man healthy, wealthy and wise*.

Also, jetzt zur Sache, an die Arbeit, let's get down to it: Es heißt, die »schillernde Seite zeigen«. Was zum

Teufel ist das? Na ja, »What the devil ...?,« könnte man vielleicht noch sagen, aber damit sind wir nicht gerade auf dem neuesten Stand, nicht wahr? »What the hell ...?« grenzt ans Unfeine, also aufpassen und nur in äußersten Stresssituationen anwenden. Ein mildernder Vorschlag von mir wäre »**What on earth is that**«? Meine schillernde Seite? What on earth is that? Habe ich sowas?

»Verblüffend verwandlungsfähig«? Wie sage ich das jetzt einem Engländer oder einem Amerikaner? Ich frage mal den Franz Kafka, der *Die Verwandlung* geschrieben hat (official translation im Englischen: *Metamorphosis*). Erstens bin ich nicht ganz so »durchgedreht« wie Franz Kafka (not as freaked out, crazy, crackers, wacky, bananas, nutty as a fruit cake, barmy, off my rocker, cuckoo, round the bend, screwy, off my head, loony, doolally! Zur Auswahl!). Ich habe mich zwar beim Aufwachen schon mehrmals als Haufen Elend, aber noch nie als Riesenkäfer gefühlt. Zweitens die entscheidende Frage, bin ich in meinem Alter noch verwandlungsfähig, really capable of change? **I doubt it** (die Aussprache wissen wir schon [*daut*], *ohne »b«*), da kommt wirklich Zweifel auf.

»Ihre Familie und Freunde kommen aus dem Staunen nicht mehr heraus«. Tatsächlich? Really? Ich bleibe abgeschirmt, im siebten Himmel schwebend, on my personal cloud nine. Was jetzt, sieben oder neun? Jetzt hören Sie mal, wer zählt denn hier? Who's counting? Not me. Ich auf jeden Fall nicht. Was soll das, does it really matter if its number 7 or number 9, when you are up there on cloud nine or im siebten Himmel? Better to have one's head in the clouds, würde ich sagen, lieber über den Wolken schweben als aus allen Wolken fallen! Die Leute in meiner Familie und im Bekanntenkreis dürfen heute also **absolutely flabbergasted** sein. Flabbergasted [*flæbb-ö-gæst-id*] (Aussprache ausnahmsweise genau wie das Wort aussieht) können Sie ruhig mal ausprobieren für platt oder baff, statt immer wieder Ihr korrekt-aber-langweiliges amazed oder astounded. Wir könnten hier einen noch tieferen Schritt in die Umgangssprache wagen, nur wenn Sie möchten, Mr. Wonderful. My word for today is »gob smacked«. Ich glaube nicht, dass dieses Wort bereits in einem deutsch-englisch/englisch-deutschen Wörterbuch steht, aber vielleicht schon in einem englischen Wörterbuch. This is not meant to be taken seriously, it's just for fun.

Wer über 15 Jahre alt ist oder nicht zufällig Profi-Fußballspieler ist, braucht das Wort nicht. Alle jedoch, die im Herzen unter 15 Jahre alt sind und sich gerade im Pub mit einigen neuen britischen Kumpels befindet, sollen ihr Erstaunen über die Ergebnisse im Fußball, im Leben o.Ä. so ausdrücken: I was gob smacked! E.g. I was gob smacked when I heard the results ..., I was gob smacked to hear ... etc. (Hiermit will ich eigentlich nur auf die verschiedenen Levels der englischen Sprache hinweisen, aber Sie wissen schon, Sie müssen wirklich nicht versuchen, jedes Wort zu lernen, nur die Wörter und Ausdrücke, die für sie interessant sein könnten.) More pub talk, for those who are interested ... dort, »**down the local**« (in the pub), ist es auch Volkssport, sich über Sportler lustig zu machen, die sich nicht sehr gescheit ausdrücken können, sondern im Interview nach dem Spiel (match is the best word, game geht auch, aber nicht »play«) nur einige Klischees rausbringen, wie z.B. von der Verlierermannschaft: »I was **as sick as a parrot**!« Jeder Engländer kennt diese Redewendung. Warum der Papagei krank ist, ist mir rätselhaft, aber dass der Spieler ausdrücken will, dass er sich »hundeelend« fühlt, ist mir schon klar. Ich glaube, ein beliebter englischer Komiker hat den Ausdruck bekannt gemacht und das Volk war Feuer und Flamme, full of enthusiasm for this expression.

Von der Siegermannschaft hört man dann: »I was **over the moon**«, auch klar, dass er außer sich vor Freude ist, sodass er über den Mond springen könnte. So viel Freude wie die Kuh in dem englischen Vers für Kinder: »Hey, diddle diddle, the cat and the fiddle, **the cow jumped over the moon**.« Und das bevor man irgendwas von BSE wusste. Your lesson in street-talk, in **colloquial** English, in slang for today:
How to express a) disappointment, b) delight.
Answers a) sick as a parrot, b) over the moon.
Entspricht Intermediate English chapter 3a, »What a pity«, chapter 3b, »How nice«.

Wenn Sie immer nur mit Intellektuellen, Typ Marcel Reich-Ranicki o.Ä. ins Gespräch kommen, dann brauchen Sie solche Ausdrücke nicht unbedingt und können weiterhin Ihren Miss-Marple-Wortschatz verwenden. Sollten Sie sich aber in der Gesellschaft von einigen jungen Herren mit glatt rasierten Köpfen und Dr.-Martens-Boots befinden und deren Sprachregister etwa bei »megageil«, »oberfett« und sonst alles, was mit Sch… anfängt, liegt, könnten Sie so ihre Meinung viel besser zum Ausdruck bringen. Allerdings dann auch mithilfe des F-Wortes »I was as sick as a f...ing parrot, I was over the f...ing moon« etc. Dieser Hinweis dient übrigens als Verständigungshilfe und nicht als Vorschrift! Sinn und Zweck der Sache ist es, einen Mittelweg zwischen vorsintflutlicher Rentnerin und perspektivlosem Spatzenhirn zu finden. We are hoping to achieve a happy medium between an antediluvian old-aged pensioner, known as an **OAP** [*ō-eh-pii*], and a birdbrain or, better in English, a **peabrain** with no prospects. For further details, please refer to previous chapters on updating your school English!

Lieber unvergessener Doubleyou, diese Änderungen in der Sprache, die unsere Gesellschaft und Kultur widerspiegeln, gefallen Ihnen sicher nicht. Mir auch nicht. I don't like these developments any more than you do, but we are living in the real world and in today's world, whether we like it or not. Please stay as sweet as you are, and I'll try to do the same.

*

Then, according to my horoscope, there is the matter of »meiner unerschöpflichen Fantasie«. OK, I don't have a problem with my inexhaustible [*inn-ex-**hohr**-stibl*] imagination. Davon habe ich mehr als genug. **That. Is. What. This. Book. Is. All. About**! Und wer die beste Fantasie hat, sagt Fontane, hat den größten Genuss. Alle Genüsse sind letztlich Einbildung and as we know from German folklore: Einbildung ist auch eine Bildung!

For the time being, here and now, cloud nine is OK and I don't think I really want to know about the future. Tu ne quesieris scire nefas quem mihi, quem tibi finem Di dederint. Frage nicht, es ist eine Sünde zu wissen, was für ein Ende die Götter für mich und für dich bestimmt haben (frei nach Horatius). Nicht jeder begnügt sich mit dem weisen Rat des antiken Dichters.

Wahrsagerei, fortune telling, und vieles, was sich unter dem Decknamen Esoterik versteckt. Beware, es wimmelt geradezu von skrupellosen Scharlatanen und Betrügern, con men and swindlers (»con« hier ist kurz für confidence trickster, die das Vertrauen ausnutzen, Leute reinlegen), und alle Anbieter sind voll ausgebucht. In other words perhaps, are we talking here about **prophets or profits**? (Die lässige englische Aussprache lässt diese Wortspielerei zu.) Ausbeutung leicht gemacht. **There's a sucker born every minute** (die Dummen werden nicht alle).

Die friedliebenden Astrologen drücken sich schon etwas vorsichtiger aus. They express themselves a little more carefully. Die Astrologie ist ca. 6000 Jahre alt. Die ältesten astrologischen Funde sind von den Sumerern, Assyrer-Babyloniern. Wie weit das astrologische Wissen der anderen großen, antiken Kulturen zurückgreift, darüber haben wir keine genaue Kenntnis. Wir können nur vermuten, we can only assume, dass dies in den alten Kulturen schon in irgendeiner Form bekannt war, wo das Wissen und die Macht in den Händen der Priesterschaft lagen. Das astrologische Wissen war ein Privileg der Machthaber und es unterlag strengster Geheimhaltung, secrecy or confidentiality, streng vertraulich, **strictly confidential**, streng geheim for the FBI and assorted espionage agents: **top secret**.

Die erste Zusammenfassung entstand ca. 150 Jahre nach Christus, und zwar *Tetrabiblos* von Claudius Ptolemäus. Dieses Werk war der Grundstein, the foundation stone, zur späteren mittelalterlichen Astrologie und aus ihm schöpften auch die späteren Berühmtheiten ihre Kenntnisse. Nach Ptolemäus war die Liste der Astrologen lang, welche im Dienste eines Kaisers, Königs, Feldherrn oder Politikers standen. Erwähnenswert, worth mentioning in particular, wäre Johannes Kepler, der Astrologe von Kaiser Rudolf II. In seiner tiefsten Seele war er Astronom, betrieb aber die Astrologie, um Geld zu verdienen, da seine Wissenschaft, die Astronomie, nicht so gut bezahlt wurde, it was not **well paid**, there wasn't much money in it. Sometimes you just have to sacrifice your principles to **earn a living**.

Es ist also ein uralter und sehr menschlicher Wunsch zu erfahren, was der Morgen bringt. Very old and very human. Wir erhoffen dadurch das Glück zu beschleunigen und Unheil abwenden zu können. We hope **to be able to** speed up, accelerate our good luck and to avoid disaster, calamity and havoc. Wir suchen Trost, consolation, oder wir suchen eine Antwort, wir wollen verstehen. Die Kernfrage (»core question« passt schon, warum soll alles schwierig sein?) lautet: »Würden wir uns doch selber treu bleiben oder verändern wir uns entsprechend?« Wer die Möglichkeit hätte, sein Leben noch einmal zu leben, von vorne wieder anzufangen, würde er dieselben Fehler begehen, make the same mistakes, wie im vorherigen Leben, in his/her previous life? What would you do, if you had the chance to **start all over again**? Es haben sich schon mehrere Philosophen, u.a. der Nobelpreisträger Jean-Paul Sartre, mit dieser Thematik auseinander gesetzt. Several philosphers **including** Sartre have **dealt with**, have **tackled** [*tækk-ld*] this theme, idea, subject.

Es gab und gibt noch bei allen Völkern, ob zivilisiert oder nicht, den Wunsch, in die Zukunft zu schauen. Kurz, fast jeder ist anfällig dafür. Wenn ich ehrlich bin, my dear W., so am I! Auch in der heutigen Zeit, wo das Geld knapp ist und nicht auf der Straße liegt, money is

scarce [*skehrss*] and certainly isn't lying on the streets, gibt es Menschen, die ohne weiteres für solche Zukunftsprognosen ihr ganzes Geld ausgeben und lieber ihre Rechnungen (bills) liegen lassen. (Private Leute kriegen **bills**, Firmen erstellen und erhalten **invoices.**) Wenn der Anwalt schließlich den Gerichtsvollzieher beauftragt, when the lawyer or attorney calls in the bailiff [***beh**-liff*], kann es dazu kommen, dass Leute einen Offenbarungseid leisten müssen, because they could not get an appointment in time at the Schuldnerberatung.

I don't think he had any money problems, on the contrary, im Gegenteil, aber Alexander der Große (356–323 vor Christus) ging in die Wüste, he went into the desert [***dess**-ört*] (*Betonung bitte auf der ersten Silbe, sonst wäre es* [*dii-**ssört***], *was, wie wir alle wissen, »Nachtisch« bedeutet*), um sich Rat zu holen und angeblich (»Beweise« gibt es dafür) haben diese Ratschläge etwas getaugt, **this advice** proved to be quite good. Alexander war König von Mazedonien und wurde als Halbgott, a demigod, verehrt. Als er in Babylon starb, hinterließ er ein Reich von über vier Millionen Quadratkilometern, more than 4 million **square kilometers.** Bis heute wird das Leben des Mazedoniers (the Macedonian) immer wieder in Romanen beschrieben, es gibt unzählige Legenden um ihn und noch heute rätselt man, wo sein Grab liegt.

Warum pilgerte der Feldherr in die Westwüste und befragte das Orakel von Siwa? (»Da werden Sie geholfen.«) In der Überlieferung wird Sehnsucht als Motiv für die Reise genannt. Experten vom Deutschen Archäologischen Institut haben eine andere Erklärung vorgelegt: Der Zug nach Siwa war ein politisches

Meisterstück, unterstützt von bestechlichen Priestern, die dem Feldherrn aus der Klemme halfen, **they helped him out of this fix**. Das kam so: Im Winter 332/331 war Alexander mit seinen Truppen in Ägypten eingefallen, ein gefährliches Abenteuer. Die konservativen Priester von Theben verweigerten, refused, dem dahergelaufenen Barbaren die Inthronisierung als Pharao. Dort, in Siwa, stand ein Abbild Amuns. In privater Audienz mit dem Gott bittet Alexander um ein zustimmendes Orakel. Man weiß nicht, ob nun die Geister wirklich weise waren oder Alexander ein Genie war. Auf alle Fälle legte er die Prophezeiungen so aus, dass er sowieso seine Pläne ausführen konnte. Man behauptet, it is said, er sei Meister der sofortigen Entscheidung gewesen und dass diese Überraschungstaktik dem Feind zum Verhängnis wurde, the **undoing** of the enemy.

Auf jeden Fall hatte Alexander alles besser im Griff als Macbeth. Poor old Macbeth! Die Hexenprophezeiung proved to be his undoing: das manische Verfolgen seines Zieles, die Erfüllung des trügerischen Orakels. Das Drama geht nicht um den Kampf zweier Thronanwärter, pretenders to the throne, sondern um den inneren Kampf, struggle, in der Seele Macbeths, der eigentlich ein recht netter Mensch ist, bevor er sich zum Mord »überreden« lässt (frei nach einem Essay *Zum Verständnis des Werkes* von Alter F. Schirmer). Armer Macbeth, seine krankhaft ehrgeizige, **ambitious,** Ehefrau hat ihm das Leben auch nicht leicht gemacht. **It's a hard life**!

In der Geschichte sind zahllose ähnliche Beispiele for the need to know what the future holds, wie z.B. Seni, der Astrologe des kaiserlichen Generals Wallenstein während des Dreißigjährigen Krieges. And, of course, the most famous of them all, natürlich der Ehrenplatz, the place of honour, für den großen Meister Nostradamus. Michel de Notredame (1503–1566), Provençal astrologer of Jewish origin; favourite of Catherine de Médici and physician to Charles IX. of France. Jeder kennt den Namen Nostradamus, er hat sich damals gut vermarktet, auch wenn er nicht immer Recht hatte. What do I mean? Do you want an example? Er sagte Charles, Karl IX. von Frankreich, eine Lebensdauer von 90 Jahren voraus. Charlie verstarb mit 24! Bravo, **well done**, Mike! Ist das nicht ein kleiner Trost for the rest of us? Nobody's perfect? (»Ein kleiner Trost« heißt auf Englisch? ...., erst vor einigen Absätzen erwähnt.)

Wenn ein Astrologe sich irrte, hatte er immer eine gute Ausrede, wie z.B. dass der Zeitpunkt der Geburt nicht genau angegeben wurde, was auch nachträglich nicht kontrollierbar war. (Eine Ausrede, ein Vorwand is an excuse – Aussprache bitte ss [*ex-**kjuuss***], nicht z wie excuse me.) Most of the time however, he, Nostradamus, **got it right**, or so it appears to us im Nachhinein, wenn bekanntlich alles sonnenklar wird, when the interpretation suits the situation. Looking back, everything **falls into place**, it's so easy! Er hat vorausgesehen, dass Napoleon, »the Emperor born near Italy«, die Welt in Atem halten würde. Laut Erika Cheetham in ihrem Buch *The Centuries of Nostradamus* erscheint ein Antichrist, a »Captain of Greater Germanie. Sein Name war Hister, the German of the Crooked Cross.« (Crooked [***kru**-kid*], krumm, gebeugt.) **No prizes for guessing** who this was. The »visions« of Nostradamus all seem to be of war and disaster, similar to those of every prophet through the ages. Prophets of doom.

But for the moment enough **doom and gloom**! (Wie die Engländer ihre kleinen Reime lieben! It's all doom and gloom für schlechte Nachrichten, she's all doom and gloom für eine Person, die alles schwarz sieht, für Pessimismus und Schwermut.) Enough of it for today. Here is now my personal prediction, Vorhersage for the immediate future: I am going to bed! Right now. Goodnight!

Sweet dreams.

*

Good morning, and what a lovely morning it is! Sie sehen ja, ich bemühe mich um einen fröhlichen Tagesanfang für uns beide, für uns alle. Let's be more **cheerful** today, »lasst uns froh und munter sein«. Wie waren denn Ihre Träume? Haben Sie englisch oder deutsch geträumt?

So, I think we were in the 16th century when we went to bed, so let's just quickly finish off the Renaissance, before making a gigantic leap forward into the present again. Auch ein Kollege damals und Schuld unter anderem am Aufstieg des Aberglaubens, superstition, war in my opinion der Querdenker Kopernikus. The earth revolves around the sun and not vice versa! To put it another way, »the horrifying loneliness of Copernican revelation (eine Enthüllung, eine Offenbarung): The world was not made for me. I am not at the centre of anyone's universe.« Wow! Vorher war alles so einfach: im Obergeschoss der Himmel, heaven, im Erdgeschoss die Erde, the earth und im Keller die

Hölle, hell in the basement, in the cellar. Nun gab es ein System magischer Sterneneinflüsse. In seinem erfolgreichen Buch *Bildung* schreibt Dietrich Schwanitz dazu: »Krasser Unsinn verbreitete sich: So glaubte man tatsächlich, das Sternzeichen der Geburtsstunde entscheide über das ganze Schicksal. Den gleichgültigen Himmelskörpern wurden Wirkungen auf das Temperament zugeschrieben. Sternendeuter kamen in Mode. Scharlatane, Magier und Astrologen hatten Hochkonjunktur.« That was in 1543 or **thereabouts,** and in 2001, things are **pretty much the same**!

Eine Geschichte, die in Astrologenkreisen bekannt ist, erzählt von Edward VII. The King of England (yes, and of Scotland, Wales and Northern Ireland) ist zum selben Zeitpunkt wie ein Londoner Pferdepfleger geboren. Aufgezeichnet wurde damals, it was recorded, dass die wichtigsten Ereignisse im Leben dieser beiden so unterschiedlichen Menschen zur selben Zeit passierten. The most important moments of their lives, the most significant events (ihrem Milieu entsprechend) always occurred at the same time for both of them. Die Schicksale liefen parallel. Needless to say, sind sie auch beide zum selben Zeitpunkt gestorben.

Ich muss ganz ehrlich zugeben, mir gefällt diese Story. Wie die meisten Menschen neige ich dazu, solche Dinge zu glauben. I must admit, that like most people, I am **inclined to** believe. Whether justified or not, ob das gerechtfertigt ist oder nicht, kann ich nicht beurteilen, mir fehlen die Kenntnisse dazu. Ich werde es weiterhin so halten, wie mit den bisherigen Voraussagen: Was mir zusagt und gut für mich ist, genau das werde ich glauben, und das Schlechte werde ich einfach vergessen.

Wie schaut's denn aus bei mir? Ich bin Steinbock, Capricorn, und müsste so und so sein, bin ich aber nicht, nicht die Bohne. Not in the least. Wie erklärt man das? Mit dem Aszendenten, Sonne, Mond und sonstigem Himmelskram, es gibt schließlich genug Planeten zur Auswahl, und einer davon ist wohl zuständig, wenn ich falsche Entscheidungen treffe. Not my fault is it, when I make the wrong decision? Die Astrologen sagen, ich bin Capricorn, ascendens Leo. Also was bin ich jetzt – Steinbock, eine genügsame Bergziege, oder bin ich Löwe, ein Monarch im Tierreich? Auch so ein Klischee (cliché), nicht wahr, dass der Löwe König der Tiere sein soll? Gemäß dem Zoologen Brehm, Alfred Edmund (1829–1884, Tierforscher und Verfasser von *Brehms Tierleben*), ist der Löwe stinkend, faul und arbeitsscheu. Foul-smelling, lazy and work-shy. (Ja, das gibt es, work-shy, disinclined to work, abgeneigt.) Er muss es wissen, der Brehm, er bereiste, travelled all over, North East Africa. Laut Brehm hat der Löwe, wider Erwarten, **contrary to expectation**, überhaupt nichts Königliches, »**regal**« (Aussprache bitte ***rii**-gl* wie der Schokoriegel, or near enough), an sich, nur wir Menschen haben diese Eigenschaften auf ihn projiziert. Es ist nicht leicht, sage ich Ihnen, mich zwischen »königlicher Bergziege« oder »genügsamem Monarchen« zu entscheiden, ja eine angehende Schizophrenie ist nicht auszuschließen. I do not wish to develop a **split personality. Nor do I!** Hätte ich bloß die Finger von solchen Sachen gelassen!

And you, my dear, I can't remember ever celebrating your birthday with you. Are you a homeloving Cancer (Krebs) like Princess Diana? Homeloving? Ha, ha, very funny. LOL. (Just practising my computer speak again, as in chapter 7.) Alle brechen in schallendes Gelächter aus. Cancerians allegedly (by now you know, angeblich) often need to seek attention or recognition. No, that **doesn't suit you**. It was well suited to Princess Diana. How about, wie wäre es mit dem Mondzeichen Fische? Pisces was good enough for Leonardo da Vinci, Goethe und Michelangelo. Keine schlechte Ahnentafel und es heißt, »Fische weisen niemanden ab, der ihren Rat braucht«. Ja? Is that you? Oder vielleicht doch Schütze, Sagittarius, denn: »Sie sind überall zu Hause, niemals wirklich sesshaft ... Ihre große Vorliebe gilt fremden Philosophien und anderen Kulturen.« Of course you can be anything you want to be, that's the best part of our fantasy, isn't it? **We can make up the rules as we go along**! Perhaps this is not the right idea about **fair play** that the English have, or are supposed to have, but at least it makes life more interesting.

Just a moment, please, the phone is ringing, **I'll be back in a jiffy**! Augenblick, bin gleich wieder da.

*

Hallöchen! Long time, no see!

Sorry about the interruption, that was a phone call from a friend of mine. She‘s a Virgo (Jungfrau), d.h. besserwisserisch, stur, ordnungsliebend. When she calls, we **chinwag** for hours. Chinwag, you ask? Denken Sie einfach darüber nach und Sie kommen schnell darauf, vorausgesetzt, Sie wissen, dass **wag** hin und her bewegen, wackeln oder wedeln heißt (nein, mein Lieber, nicht mit dem Schwanz, sondern (hier) mit dem

Kinn). Plaudern, ratschen ist hier angesagt. She, my friend, reads a lot of **women's self-help books** with titles like »Are you a Dragon or a Doormat?«. Gute Frage, und eine noch bessere Frage: Sind Sie lieber ein Drache oder eine Fußmatte? **Would you rather be** a dragon or a doormat. Drache zu sein, scheint mir, bringt Verantwortung mit sich. Fußmatte dagegen keine. Das Wort »Drache« auf Deutsch ist, grammatisch betrachtet, sowieso männlich. Im deutschen Sprachgebrauch jedoch ist der Drache unmissverständlich weiblich! Siehe »Hausdrache«. Salvador Dalí war wenigstens ehrlich, auch wenn er ein gestörtes Verhältnis zu Frauen hatte. Er malte seinen Drachen mit einem riesigen unförmigen Busen. Unmistakably feminine.

Gegen den Drachen kämpfte der heilige Georg, der übrigens der **patron saint of England** ist. St. George and the Dragon. Those were the days, nicht wahr? Das waren Zeiten. »In days of old, when knights were bold« (tapfer). Die mutigen Ritter in glänzender Rüstung haben die Mädels gerettet. Pause here for a big sigh ... ein großes Seufzen, von Herzen. Die Prinzessin, die gemäß einer Legende gegen ihren Willen im Turm gefangen gehalten wurde, heißt sprichwörtlich auf Englisch »**a damsel in distress**«. There are not many damsels in distress around, these days. A good thing too, denn wo sind bloß die »**knights in shining armour**« geblieben? Instead of knights in shining armour we have only »nice in shining Armani«. Wo sind die real men, die Männer mit Mumm und Muckies (und mit Moneten)? All softies, all too tired from a hard day at the office? Oder ist dafür einfach »kein Bedarf« mehr? Frauen haben so getan, als ob sie keine Männer brauchen, sie haben keine Probleme, die sie nicht selbstständig lösen können. Die Jungs haben es geschluckt und unternehmen keine Rettungen mehr. Schade! Or is it the other way round, oder was genau hat sich geändert? This is one of the mysteries of modern life. What happened? Rhetorical question, I don't think I really want to know.

Anyway, it's certainly not an easy question to answer. Life has become very complicated, don't you think? To me life is and always will be like a jigsaw puzzle. You work on it for ages, giving it your best, and just when you think you are ready to finish, you discover that the last few pieces are missing. Sie wollen ein schönes englisches Sprichwort dafür? Wie man zu sagen pflegt, as the saying goes: »**Someone keeps moving the goalposts.**« Think about it.

Not only has life become complicated, life has also become very long. In the times of oracles and prophets, witches, fortune tellers and royal astrologists etc., it seems that no-one lived beyond the age of about 32! By then, ohne moderne Medizin und Technologie, they had all passed away, crossed the Styx, kicked the bucket, bitten the dust, turned up their toes, pushed up the daisies, joined the angels, met their Maker, gone to a better world. Kein Wunder, dass sie ihr Schicksal wissen wollten! (Vorschlag für das »normale« englische Äquivalent: **Hardly surprising** that they were **keen to** know their fate.)

Über die Jahrhunderte, over the centuries, gab es natürlich Versuche, dieses Schicksal zu umgehen. The Countess Erzsébet (Elizabeth) Báthory for example, the terror of Transsylvania, whose blood orgies earned her a reputation as one of the most notorious (berüchtigt) vampires in history. In a bizarre **quest for eternal**

youth (the whole of chapter 8 is dedicated to this subject, ist diesem Thema gewidmet!). It is said (sorry, but am I **laying it on too thick,** am I overdoing it with these repetitions of important phrases?), it is said that she had dozens of virgins slaughtered, so that she could bathe in their blood to attain eternal youth. Beweise haben wir nicht dafür, ob sie tatsächlich um die 600 leibeigene Jungfrauen hat abschlachten lassen, nur eine vage Ahnung, dass ihre Familie inkl. ihrer eigenen Kinder scharf auf ihr Vermögen war. Did she, or didn't she? Keine der Daten stimmen überein und es stellen sich auch praktische Fragen, such as, wie die Blutgerinnung (coagulation, if you must know) verhindert wurde! Aus den Gerüchten der damaligen Hofmafia ist Legende geworden, auch wenn, strangely enough, her plan didn't work! (Countess Dracula died anyway, in 1614.) Auf »die Wahrheit« müssen wir wohl so lange warten, bis Hollywood den Film herausbringt, selbstverständlich mit Cher in der Titelrolle.

Im Ägypten vor 3000 Jahren war das allgemeine Sterbealter, selbst in höheren sozialen Schichten wie den Pharaonen, zwischen dem 20. und 30. Lebensjahr. Die Alzheimer-Krankheit, Alzheimer's disease, war demzufolge kein Problem, dafür aber eine ganze Reihe von bekannten Freunden, u.a. Infektionskrankheiten, infectious diseases, Infektionen durch eitrige Zähne, which could be fatal, Bilharziose, tuberculosis, Krebsgeschwüre etc. Gelenkabnutzungen und degenerative Veränderungen an der Wirbelsäule, the spinal column (as the well-known saying **»Everyone has a spinal column, but not everyone has a backbone«** – Rückgrat!), zeugen von chronischer Fehl- und Überbelastung des Körpers. Vermutlich waren sie auch länger als

36 Stunden die Woche im Dienst und ohne ergonomische Möbel am Arbeitsplatz.

Heutzutage wurde das Orakel von Delphi durch den Chefarzt vom Stadtklinikum ersetzt. Bei ihm holt man sich Rat. In einem britischen Krankenhaus heißt der Spezialist, der top man, der Gott im weißen Kittel für die Deutschen und der Gott im maßgeschneiderten Anzug für die Briten schließlich »Consultant«. Er reicht Ihnen freundlicherweise die Hand (siehe Rechnung für den genauen Betrag des entsprechenden Zuschlags) und mithilfe moderner molekularbiologischer Techniken kündigt er an: »Sie haben noch sechs Monate zu leben.« Eine höhere Gewalt ist am Werk, it is an Act of God. (20 Jahre später grüßt der Patient den Arzt auf der Straße. Na ja, doch kein Gott, only human after all. **We all make mistakes**.)

I have now got down off my podium again and my throat feels a little dry after all that talking on the telephone and asking all those questions. Jetzt möchte ich einen Cappuccino trinken, Liebling, ausnahmsweise mit sehr viel Zucker. Yes, I know sugar isn't good for me. (Sugar ist ein seltsames Wort, nicht wahr? Im englischen Sprachraum fangen nicht viele Wörter mit **s** an und werden trotzdem als *sch* ausgesprochen. **Sure!** It's not the only one, aber von solchen Ausnahmen sind wir nicht mehr überrascht. Typical of the English language, es heißt »the exception proves the rule«, aber was die englische Rechtschreibung betrifft, the exception is the rule!) **Be an angel** and make one for me, will you? »**Make me one**, please«, hätte ich auch sagen können. **It's your turn**, after all, I made some sandwiches for you the last time, so I'm an angel too, wo sind bloß meine Flügel? Sie sind dran, spread your wings.

Hello again!

The important thing is to be healthy and happy and to look forward to what the future holds for you. I am sure that there are people who just wander through life, convinced that success and happiness are just around the corner. Einige beneidenswerte Einzelgänger! Individuals to be envied. Die meisten von uns jedoch sind aktiv auf der Suche. »Das Glück ist da, wo du nicht bist.« **The grass is always greener on the other side**? This becomes more complicated because we all seem to think we have a divine right to, ein göttliches Recht auf dieses Glück. Auf großes Glück. Dabei übersieht man wahres Glück, nämlich die Glücksmomente im Leben. Der Fehler ist, immer auf »das große Glück« zu warten. Are we all looking for an »Eier legende Wollmilchsau«? (Irgendwann habe ich das mal in einem Wirtschaftsbericht gelesen, ich weiß aber nicht, welcher Schlaufuchs sich das ausgedacht hat. Wenn jemand weiß, woher das Zitat stammt, bitte melden Sie sich beim Verlag! Ich weiß nur, es hat mit einem Wundertier der damaligen EWG/ECC, heute EU, zu tun.) The pig should give us meat, wool, milk and lay eggs. Or as the British would say, but given the state of the British farming industry with its BSE, and **foot and mouth disease** (MKS), I don't think they are looking for any pigs at all, so here is a more realistic, a more down to earth expression: Do we really **expect to have our bread buttered on both sides**? This is **a bit much**, don't you agree?

Like Carmen, she wasn't very **satisfied with her lot** either, mit ihrem Leben nicht mehr zufrieden. She soon got bored and wanted to look into the future. In der Oper *Carmen* hält sie eine Karte in der Hand und singt über den Tod, also weiß sie, dass sie bald sterben wird, that **she is going to** die, allerdings nicht wegen der gezogenen Karte, sondern weil sie ihren Geliebten Don José mit Escamillo betrogen hat.

So where do we go from here? Shall I still read my horoscope every day, shall I continue to consult my moon calendar for advice on whether to mow the lawn (den Rasen mähen), have my hair cut or clean my windows? It's OK to hear that you are entitled to feel depressed or, **on the contrary**, to feel extremely confident and happy. Was ist aber dabei, nur dann die Haare zu schneiden oder die Fenster zu putzen, wenn der Mond es mir erlaubt? Irgendwie sehe ich das nicht ein. Ich bin zwar nicht abgeneigt, verstehe aber nicht so richtig, warum ich nur an einem bestimmten Tag zum Zahnarzt gehen soll, wo gibt es denn da einen Zusammenhang? Is there a conspiracy, eine Verschwörung? Haben sich Zahnärzte und Friseure u.a. zusammengetan, um eine Ausrede für missglückte Leistung zu finden? Der Kunde ist nicht König, der Fachmann irrt sich nie, nur der blöde Kunde oder der übersensible, oversensitive, Patient (*forget sensible (vernünftig) here*!) hat den falschen Tag ausgesucht. Selber Schuld, not my fault!

Genug gegrübelt, Doosie. The only sure thing, the only thing we can be certain of in this life, is death. Nur der Tod ist universell. Und auch die Tatsache, that if all the cows are standing up, the sun will shine and if all the cows are lying down, it will soon rain!

Aristoteles hat seinem Schüler Alexander the Great gesagt, dass eine Voraussage die Zukunft beeinflusst und nur deshalb geschehen auch die vorausgesagten

Dinge. I agree, ich schließe mich dieser Meinung an. Or in other words and in the real world, I prefer this quotation: »Life is what happens to you while you are busy making other plans.« **I wish I had said that.** Ausnahmsweise ein Zitat von John Lennon und nicht von our old friend William you-know-who.

Review

1) »**Pull up a chair**« and let's go through it again. Over to you for your constructive input now, as this is your part, not mine. »**It's no skin off my nose**«, if you decide to move on to the next page. It's no skin off my nose? Ein Ausdruck der Gleichgültigkeit, mich stört's nicht, es ist mir egal. Natürlich ist es mir nicht egal, da ich nur an Sie denke, aber Sie dürfen selber entscheiden und ich wollte nur das eine oder andere Idiom loswerden! And since there are no more chapters anyway, how about another idiom? »**I am bending over backwards**« to help you, ich gebe mir die größte Mühe (YOU try bending over backwards, it's not easy!), and all I ask is a little Mitmachen, co-operation, on your part. (*Co-operation übrigens kann man oft, aber nicht immer, für Zusammenarbeit verwenden. Die Briten bevorzugen das Wort mit Bindestrich, die Amerikaner ohne hyphen* [*hei-fönn*], *cooperation.*)

2) **Fähig:** ....

....

3) Mögliche Ausdrücke für **verrückt:**

....

Zu diesem Thema gibt es natürlich Unmengen von Möglichkeiten. Einige sind sicher und klassisch. In den neuesten Redewendungen, da fehlt etwas, wie in etwa »nicht alle Tassen im Schrank«, zum Beispiel im aktuellen Englisch: his/her lift does not go to the top floor, he/she is three jewels short of a tiara, three pennies short of a pound, and one of my favourites, for known reasons, namely because its about food, two sandwiches short of a picnic.

4) Die Aussprache **saint** brauchen Sie auch nicht so sehr zu betonen. Wie so viele Wörter im Englischen können Sie das Wort saint auch so »unbetonen«, dass *snt* herauskommt [*snt-djordj*] for St. George, [***snt-djonn***] für St. John etc. And now for a very mean (gemein) question. Can you remember what the British call die heilige Johanna (1412–1431), trotz Heiligsprechung? Kam im Kapitel 4 vor, mein Lieber. Ehrlich.

5) Der Vollkommenheit halber und um etwas Passendes aussuchen zu können, hier die Sternzeichen, wie man sie in jeder englischen Zeitung lesen kann. The names mostly **tend towards** Latin to give them more authenticity! Capricorn, Cancer, Leo, Pisces, Sagittarius and Virgo, we have had already. Then there is Aries the Ram, the first sign of the zodiac which the sun enters at the vernal equinox; Taurus the Bull, the 2nd sign of the zodiac which the sun enters on about 21st April; Libra the Scales, 7th sign which the sun enters at the autumnal equinox; Scorpio, 8th sign of the Zodiac which the sun enters about 23rd October, Aquarius, the Water Carrier, the 11th sign of the zodiac, and not forgetting Gemini, the Twins, May 22–June 22.

6) Bitte um ein sehr häufiges englisches Wort für **berüchtigt:** notorious, ill-famed, disreputable (*diss-**repp**-juut-öbl*). Das Wort notorious [*nō-**tohr**-i-öss*] ist immer negativ und nicht, wie in manchem Wörterbuch behauptet, als allgemein bekannt zu verstehen.

*

Not bad at all, please **give yourself a pat on the back**. Ein großes Lob von mir, und Sie dürfen sich selbst gratulieren, if you got:
capable of
crazy, nuts, doolally, round the bend, off your rocker, cuckoo, bananas
Joan of Arc

Maybe you thought I was going to forget the revision at the end of the last chapter? Als Belohnung für Ihren Fleiß – keine weiteren Fragen!

Nachwort

»Grau, teurer Freund, ist alle Theorie und grün des Lebens goldner Baum.« (*Faust, Teil I*, spoken by Mephistopheles) Good old Goethe. He knew what he was talking about. If you have got this far, then you are doing very well up to now. Auf jeden Fall mit der grauen Theorie. Mittlerweile jedoch ist der goldene Baum des Lebens angesagt, so I hope you have been putting some of the things you have learnt into practice (realisieren, implementieren). Sie sind ja auch mal dran and it will soon be time for you to go out there and »**use it before you lose it**«!

Nothing ventured, nothing gained. Wer wagt, der gewinnt. Please forgive my dog-with-a-bone mentality, but **what it all boils down to** is that speaking English is **a matter of trial and error**. So I just hope that I have been able to give you a **push in the right direction**. Ziemlich gemein von mir, hier im Nachwort und wo es sich um Wiederholungen handeln soll, here I'm squeezing in noch Unmengen von Redewendungen! Aber ich habe volles Vertrauen zu Ihnen. Sie schaffen es schon.

But now, as »all good things must come to an end« und man sollte aufhören, wenn es am schönsten ist. Go back a few chapters and tell me: »**Parting is such sweet sorrow**.«

It's farewell but not goodbye!
Ihre Doosie

Literaturverzeichnis

Bibliography

Beauvoir, de, Simone: »Letters to Sartre 1940–1963«, Hamish Hamilton
Brook, Carolina: »Salvador Dalí, Leben – Werk – Epoche«, Weltbild Verlag GmbH, Augsburg 2000
Bryson, Bill: »Mother Tongue«, Penguin Books 1990
Cheetham, Erika: »The Centuries of Nostradamus«, Neville Spearman Ltd., London 1973
Drews, Gerald & Büsing, Jani: »Englisch für Angeber«, Weltbild Verlag GmbH, Augsburg 1996
Gardi, René & Neukom-Tschudi, Jolantha: »Felsbilder der Sahara«, Verlag Hallway, Bern und Stuttgart
Larson, Bob: »Getting along with the Germans«, Bechtle Verlag, Esslingen/München 1983
Lojewski, von, Wolf: »Die Briten sind anders«, Hoffmann und Campe, Hamburg 1988
Mikes, George: »How to be an Alien – A Handbook for Beginners and Advanced Pupils«, Penguin Books 1966
Mort, Simon (Ed.): »Longman Guardian New Words«, Longman Guardian, UK 1986
Murphy, Raymond: »English Grammar in Use«, Cambridge University Press 1985
Pettigrew, Jane: »Tea Time – beliebte Rezepte aus dem Land der Teetrinker«, Plusquam, München 1988
Ringseis, Franz: »Neues Bayerisches Wörterbuch«, W. Ludwig Verlag, Pfaffenhofen 1985
Roget's Thesaurus of English Words and Phrases, edited by Betty Kirkpatrick, Penguin 1987
Russell, Willy: »Shirley Valentine«, Longmann Group Ltd., UK 1991
Schwanitz, Dietrich: »Bildung«, Eichborn GmbH & Co. Verlag KG, Frankfurt 1999
Thiel, Hans Peter & Würmli, Marcus: »Junior Ferienbuch England, Scotland and Wales«, DTV, München 1985
O'Sullivan, Emer & Rösler, Dietmar: »Sprachbuch Großbritannien & Irland«, Rowohlt Taschenbuch Verlag 1988